図書館のプロが伝える調査のツボ

高田高史 編著

柏書房

本書は図書館員による調べものをテーマとした本です。調べもののツボや楽しさを事例をとおして、わかりやすく解説しています。

柏書房より刊行した『図書館のプロが教える〈調べるコツ〉』（２００６年）、『図書館が教えてくれた発想法』（２００７年）に続く、あかね市立図書館を舞台とした３部作の３冊目になります。この本だけ読んでも支障はありません。

なお、あかね市立図書館、登場人物等は架空のものであり、実在はしていません。

ごあいさつ

おはようございます。本宮美里と申します。

福島県の高校を卒業後、大学で司書の資格を取って、神奈川県のあかね市に採用され、あかね市立図書館に勤めています。

海辺にある図書館は、やわらかい陽射しにつつまれています。近くの紫野《むらさきの》公園の桜は、ちょうど八分咲きくらい。昨夜は職場のみんなとお花見もしました。

新年度を迎え、勤続3年目か……、早いなあ。そろそろ足手まといにならなくなってきた気はするけれど、ベテランの司書さんに比べると、まだまだ未熟さを感じることが多いです。

図書館では本を貸し出しているだけでなく、お客様の調べもののお手伝いをしています。図書館用語ではレファレンス・サービスといいます。図書館にあるたくさんの本の中から、お客様が必要としている情報をご案内する、とても大切な役割です。あかね市立図書館にも、日々、いろんな質問が寄せられます。こんな本はありますかという簡単な問い合わせから、きょとんとしてしまうような難問・奇問まで、緊張するし大変だけど、何が飛び出すかわからない楽しさや専門職としてのやりがいも感じます。

今年度、私はとくにレファレンス・サービスを積極的に取り組むことを目標にしました。回答が出ている本を見つけて提供するだけではなく、必要な情報に至るプロセスも伝えられるようにしよう。図書館員が何を考えて調べているのかを通して、調査のツボをわかってもらえると思う。同時に調べる楽しさも知ってもらいたい。それは図書館をもっと活用していただくことにつながる。そのためには私たち自身、一つ一つの質問に、より的確な対応をして、分析もしていかなくてはならない。

前年度の末、そうしたことが職員会議で論議され、今年度のあかね市立図書館の重点テーマにもなりました。みんなで頑張ります。

あかね市立図書館は、大規模な図書館ではないし建物も少し古いけど、中規模図書館として適度に資料は充実しているし、何より人の力で支えているんだと実感しています。家庭的な雰囲気も私は気に入っています。

「本宮さん、何しているの。開館するよ」

あ、川波係長からお呼びがかかりました。開館前の点検にいかなくては。

では、今年度もよろしくお願いします！

図書館のプロが伝える調査のツボ　目次

冬から春　ぬくもりの章 …… 205

桜の咲く朝に　三十二の小さな情景 …… 283

スタッフ紹介

おつぼねちゃん

あかね市立図書館のマスコットキャラクター。つぼには知恵やアイデアが詰まっている。酒が入っているわけではない。

石尾《いしお》 里子《さとこ》

勤続20年目。あかね市立図書館の重鎮として頼りにされている。食べるのが大好きというキャラがすっかり定着してしまったためか、特に食べる関係の話で登場が多い。いかにも日本酒が好きそうな印象を与えるが、意外にも酒は飲めない。

木崎《きざき》 ふゆみ

勤続10年目。絵本や児童文学、ライトノベルに詳しい。筋金入りのゲーマーでもある。宴席に欠かせない人材として「宴会の突撃隊長」を拝命。長年の鍛錬により肝臓機能が高まったためか、近年、その酒豪伝説にいっそう磨きがかかってきた。都合が悪いとにわかに「病弱」を訴えたりするらしい。

横道《よこみち》 独歩《どっぽ》

勤続7年目。ティーンズコーナー担当。ノンジャンルに詳しく、親切丁寧に調べる人。調査が大好き、根っからのマニア気質である。鉄道、プロレス、軍事等々、マニアの世界でも得意分野はノンジャンルである。今は「ゆるキャラ」グッズ集めがマイブーム。人付き合いがよいためか宴会は皆勤賞。

佐竹《さたけ》アカネ

美術系の勉強を続ける合間にときどき図書館で働くアルバイトさん。図書館のポスターやイラストなどを描くことも。趣味は博物館めぐり（特にオウムガイを偏愛している）。周辺の中高年による感化のせいか、次第に高い飲酒能力を発揮するようになってきた。

川波《かわなみ》 太郎《たろう》

勤続22年目。サービス係長。特に宴会の企画と実行力によって一目置かれている。本人は自分を良識的な酒飲みだと思っているらしい。職場のムードメーカーにして宴会のツッコミ担当。超攻撃的なサッカーを愛する男。

秋本《あきもと》 尚美《なおみ》

勤続11年目。しばらく教育委員会総務課へ異動していたが、５年ぶりに図書館復帰を果たす。能楽・歌舞伎・古典芸能・宝塚が大好き。高尚な趣味人のように思えるが、好奇心旺盛なためか、様々な相談事や宴席のお誘いに巻き込まれやすい体質。占いが得意という裏の顔をも持つ。

富士《ふじ》 のぶえ

若く見えるが、息子さんはこの春から社会人に。韓流ドラマに熱中（ご贔屓はやっぱり冬ソナ）。原語版で視聴を続けるうちに韓国語に堪能になってしまった。勉強熱心で多芸多才な人。穏やかな人柄なのでそう見えないが、実は隠れ酒豪。

伊予《いよ》 高史《たかし》

勤続12年目。奈良散策、道後温泉大好き。レファレンスの要として皆から頼りにされる。他称、探本戦隊レファレンジャー隊員。突然に休んで奈良にいくという逃亡癖は直ったように見えるが安心はできない。名探偵コナンのアニメを応援し愛する人。特技はウクレレ。

本宮《もとみや》 美里《みさと》

勤続３年目。大学では図書館学を専攻していた。いまや立派な若手職員として信頼されているが、内心はけっこうあわてもの。エコロジーに興味があるらしい。配架大好き、書架整理に快感を覚える。日常の主な栄養源はアルコール飲料であるため、遠距離通勤なのに宴会の誘いは断れない。

春から夏　さざめきの章

――「春風に　発見、感動　知が芽吹く」

風の竪琴という楽器について知りたい

伊予 高史

「風の竪琴という楽器について教えてください」という素っ気ない文面のメールレファレンスを受けた。何冊か楽器の本を調べてもわからず、インターネットで「風の竪琴」と検索したら『風の竪琴弾き』という小説がたくさんヒットした。この本と関係があるのかを確認するため折り返しメールをしたら「違います。[1]『天文学者の虫眼鏡』という本に出ていました」ということだった。そこで『天文学者の虫眼鏡』を見てみようとしたら貸出中だった。「現在、『天文学者の虫眼鏡』は貸出中なので確かめられませんが、どんな内容でしたか」と再返信したら「私が借りています」というメールが届いた。結局、近日中に『天文学者の虫眼鏡』を返却しに来館するので、その時に一緒に調べてみましょうということになった。

数日後、『天文学者の虫眼鏡』を手にカウンターで声をかけてきたのは、メガネをかけた高校生のMさん。数年来の図書館の常連さんなのだが、Mさんの顔とメールに書いてあった名前と一致しなかった。

そういえば先月、Mさんから理系と文系がまとめて出ている本について相談を受けたんだ。読みやすそうな本がいいだろうと新書から何冊かピックアップして渡した記憶がある。『天文学者の虫眼鏡』もその中の1冊だったかな。たぶん「文学と科学のあいだ」って副書名で選んだのだけど、読んでもらえたみたいでよかったよ。

「では、風の竪琴が出ているページを見せてね」と『天文学者の虫眼鏡』をめくる。

付箋がはさんであるページは「「木枯らし」「もんじゅ」ろう」という章。カルマン渦《うず》という風の流れの現象をもとに、木枯らしの甲高い音や高速増殖炉もんじゅの事故を解説している。その関連として「西洋では、ギリシャ神話の風の神アイオロスにちなんだ「風の竪琴」という優雅な楽器が発明されている」とあった。たしかに風の竪琴は存在するらしい。

……さてと、どこからあたっていこうか。インターネットで「風の竪琴」と検索しても、小説やらゲームのアイテムがほとんどになってしまうのは実証済みだしな。

『天文学者の虫眼鏡』に手がかりが出ていないかなと巻末をめくったところ、「参考にした本」として該当する章に関しては3冊の本が上げられていた。いずれも物理学の本なので楽器が出ているとは限らないが、とりあえず所蔵していた『流れの科学』[2]を確かめてみることにした。

「伊予さんは楽器の本を調べないんだ」といいながら、どこか楽しげにMさんがついてくる。参考文献がどういうものかを簡単に説明しつつ、物理学の棚に向かった。

『流れの科学』をめくると、カルマン渦と関連して「風の立琴」が取りあげられていた。エオルスの立琴ともいうらしい。「十六世紀頃、イギリスやドイツではやったそう」で、音が出る仕組みや、楽器の概念図も出ていた。「この箱を半開きにした窓のそばや、ドアの外側にぶらさげておくと、風があたって、メランコリックな音色で不思議な音楽を奏でる」のだという。

同じ物理学の棚に音響学の本が並んでいたので何冊か見てみる。『楽器の科学』[3]は専門的でやや難しい内容だったが「渦動とエオルス音」の項に「旧約聖書のダビデ王の時代から、エオリアンハープとして親しまれてきた発音現象で、今日ではエオルス音と呼ばれている」という説明があった。『音の百科事典』[4]にも「楽器」の項目で「風に鳴るコト」が取りあげられ、ウィンドハープ（エオリアンハープ）が実際に窓辺に立てかけてある図が出ている。中国や日本でも筝《そう》などの弦楽器をひさしにつるして音色を楽しむ風習があったそうだ。

Mさんが「へえ、こんな楽器なのか」と本を見ている間、せっかく自然科学のコーナーにいるので地球科学の書架にいき、風に関する本をざっと拾い読みしてみる。あかね市では最近、風力発電施設が稼働を始めたので、図書館でも風にちなんだ本の所蔵を充実させたのだ。なるべく雑学っぽい感じの本をめくっていると、『風の百科』[5]の「風の音 天来の妙音はいつ聞けるか？」という項でエオリアの琴が取りあげられていた。『風と風車のはなし』[6]にも「エオリアンハープについて」というコラムがあった。ゆらぎ現象や周波数など内容は難しめだが、復元されたもの、ギターのネックを利用したもの、アクリル製のもの、3点の写真が掲載されていた。ふーん、自作する人もいるんだね。

さて、楽器の名称がわかったので、音楽の本からでも探しやすくなった。エオリアンハープ、エオリアの琴など表記が異なるので、索引を引く時や検索する時は注意しなくては。英語だとAeolian harpか……。

「Mさん、音楽の棚へいこう」と声をかけると、Mさんはこれまで見てきたすべての本を持ってこようとしていた。「あまり見たことない分野の本だし、一度、戻すとどこにあるかわからなくなりそう」とのこと。ひとまず本はカウンターに預けておくことにした。

音楽の参考図書を見ていく。「エオリアンハープ」という表記が多く、数冊の事典類に項目があった。比較的詳しかった[7]『音楽大事典1』では「エオリアン・ハープ」の次の項目が「エオルス音」でカルマン渦についても触れていた。[8]『楽器』という図鑑にもエオリアンハープのイラストが載っていて外観がわかりやすかった。

続いて音楽の一般書の棚に移る。[9]『楽器からのメッセージ』には「風の神が奏でるハープ」の項が6ページにわたってあった。これまで見てきた本の内容と重なる点も多いが、十世紀にイギリスのカンタベリー大司教ダンスタンの持っていたハープを神（風）が奏でたのは魔法を使ったからだとして彼は有罪になったとか、十七世紀に神父キルヒャーの考案した風の奏でる弦楽器がエオリアンハープと呼ばれるようになっ

たとか、イギリスの詩人サムソンの作品「静かな城」の一節でエオリアンハープが歌われているなど、歴史に沿う説明がされていた。また現在に伝わるエオリアンハープについても触れ、浜松市楽器博物館で所蔵している窓置き用のエオリアンハープの写真や、窓にセットした状態での断面図も出ていた。浜松市楽器博物館のホームページを始め、これまで見つかったキーワードを用いてインターネットで検索していくのも有効であろう。

Mさんは自分でも楽器の本をめくっていた。『楽器の歴史』[10]（下）にもエオリアンハープの記載があったと得意気だ。

では、Mさんの自主性を尊重し、このあたりで一度カウンターに戻ろうかなと思いながら、音楽［76］の隣の分類が工芸［75］であることに気がついた。まさかね、と淡い期待で手作り工芸品の本をめくっていると『エンジニアがつくる不思議おもちゃ』[11]にエオリアンハープの作り方が出ていた。自分で作るにはかなり難易度は高そうだけどMさんの関心次第によっては役に立つかもしれない。選択肢は多いほうがいいだろうというのが、日頃、自分が心がけている提供の仕方でもある。

さっそく『エンジニアがつくる不思議おもちゃ』をMさんに示したところ、好奇心いっぱいの表情になった。

思うにエオリアンハープの名称がわからなかったので、Mさんが読んだ『天文学者の虫眼鏡』を手がかりに物理学など自然科学の本にあたり、エオリアンハープが出ている本を何冊か見つけられた。もし最初からエオリアンハープという名称がわかっていたら、楽器の本を調べただけで済ませていたかもしれない。さらに音が鳴る原理を何となくつかんでいたから、自分で作ろうとする人もいるかもしれないとひらめいて、エオリアンハープの作り方の本にたどりついた。

そんな話しをMさんに振ったら、Mさんは、「この間、文系か理系か選択しなさいという進路の話で疲れていて、文系と理系がまとめて出ている本がないかって伊予さんに相談したんだ。『天文学者の虫眼鏡』は読みやすかったし私の進路のヒントになったよ。今日の伊予さんとの調べものも文系か理系とかにとらわれていなくて面白かったな」だって。とにかく図書館の中から回答を見つけ出さないといけないから、分野にこだわっていられないというのが自分の本音だけどね。

さらに、「これからエオリアンハープの名前の由来になったギリシャ神話のアイオロスについて、興味が湧いたから調べてみるね。もしわからなかったらまた質問するから。さっきカウンターに預けた本はあとで取りにいくよ」と、にっと笑った。

数冊の本を抱えて神話関係の棚に向かうMさんの後姿に、一つの調べものに至る背景と、そこから広がっていく世界を感じた。きっと図書館に並んでいる本はMさんを応援しているよ。

ぽろん、と聞いたこともないエオリアンハープの音が響いたように思えた。

【主な使用資料】

1 『天文学者の虫眼鏡 文学と科学のあいだ』池内了著 文藝春秋(文春新書)1999年

2『流れの科学 自然現象からのアプローチ：改訂版』木村竜治著 東海大学出版会 1985年
3『楽器の科学』早坂寿雄著 電子情報通信学会 1992年
4『音の百科事典』音の百科事典編集委員会編 丸善 2006年
5『風の百科』松下精工株式会社編 東洋経済新報社 1986年
6『風と風車のはなし』牛山泉著 成山堂書店 2008年
7『音楽大事典 1』岸辺成雄ほか編 平凡社 1981年
8『楽器』ダイヤグラム・グループ編 マール社 1992年
9『楽器からのメッセージ 音と楽器の人類学』西岡信雄著 音楽之友社 2000年
10『楽器の歴史（下）』C・ザックス著 全音楽譜出版社 1965年
11『エンジニアがつくる不思議おもちゃ』大東聖昌著 工業調査会 2003年

「まず一歩」

伊予さんは参考文献から音響学の本を考えましたが、普通、楽器を調べるのに物理学（音響学）の書架に手がかりがあるなんて、なかなか気がつかないですよね。「ひょっとしたら出ているかも」と気になったら書架にいって本をめくってみましょう。まず一歩、そこから世界が広がっていきます。図書館では十歩も歩けば別な分野の本が並んでいます。一つの空間の中にあらゆる分野が詰まっているのも図書館のいいところ。せっかくだから分野にとらわれず動き回ってみてはいかがですか。余談ですが「エオリアンハープ」と呼ばれるショパンの練習曲もあるそうです。そんなところからも調べていけるかもしれませんね。

ある古代文字が、現代では何という漢字なのか知りたい

木崎 ふゆみ

土曜日、日曜日はお客様が多いので、カウンターも大忙し。図書の貸出や返却に加え、図書館カード登録作業、新しく登録された方への利用のご案内、アルバイトの方への指示やらでばたばたしているうちに、あっという間に閉館時間になった。最後のお客様を送り出し、ほっと一息ついたところで、富士さんから、「閉館前にレファレンスの依頼を受けました。木崎さんが事情をご存知だということなので、お願いしますね」とレファレンスの受付票をわたされる。

はて、と思いつつ内容を確認すると、「結局わかりませんでした。これが何という字なのか調べていただけますか。急ぎません」とのメモと文字のコピーが。

あー、やっぱりわかりませんでしたか。もう少しちゃんとフォローすればよかった。

その日の午後、英語で日記をつけるので参考になる本を教えてほしいというお客様を英語関係の棚にご案内した後、60代くらいの男性に「絵から探せる漢字の辞典はありませんか」と声をかけられたのだ。

調査したい内容を確認してみると、お持ちのコピーを見せてくれた。そこにプリントされていたの

は、という文字。横書きで、左側に、右側にだ。

古代の漢字かぁ。この手の調査なら、漢和辞典と合わせて、篆書《てんしょ》や隷書《れいしょ》などの書体が調べられる字典や甲骨文字や金文の辞典なども見ておいたほうがいいだろう。チェックすべき書架としては、日本語と中国語の辞典類［81］［82］と書道［728］になる。その旨ご案内すると、「では、自分で調べてみます」とのお返事だったので、気になりつつもカウンターに戻ったのだった。

急がないというお言葉に甘え、週明けから調査を開始する。

あかね市立図書館で所蔵している書体の辞典を確認してみると、複数の書体を収録しているものと、特定の書体に特化して収録しているものがあった。

そもそも、漢字の書体にはどういうものがあるのだろう？

『何でもわかる漢字の知識百科』[1]という本に漢字の書体の変遷について説明があった。記述をざっとまとめると、亀甲や獣骨に刻まれた甲骨文字と青銅器に刻まれた金文がいずれも紀元前一三〇〇年前後から使われ始め、紀元前八三〇年頃から金文から脱化した古文や大篆《だいてん》などが登場する。その後、秦の始皇帝の時代に書体が統一され、小篆《しょうてん》が制作された。その後、小篆を簡略化させた隷書や草書などの書体を経て二四〇年頃から楷書が使われるようになったという。

そういえば始皇帝は、国家だけでなくいろいろなものを統一していましたっけね。

大篆と小篆を合わせて篆書というのだろうか？　はっきりわからなかったので、『日本大百科全書』で確認してみる。篆書というのは、単一の書体ではなく、長い時代にわたる古代の書体の総称であるという。いずれにしても、調査にあたっては、範囲を狭めず、いろいろな書体を調べたほうがよさそうだ。

『甲骨金文辞典』[2]には、甲骨文字や金文のほか、篆文なども収録されている。複数書体の確認が可、ということで、さっそく開いてみる。そして固まる。

この辞典は、部首の画数順に漢字が配列されている。そして用意されている索引は、部首索引と音訓索引その他。いずれにしても、部首や読みなどがわからないと探せない索引ばかり。索引が使えないとなると、上下巻合わせて1500ページを超えるこの辞書を通覧しろと。無理だ。

あきらめて別の辞典にあたる。しかし、いずれの辞典も似た構成。部首がわからないと調べられない。だがしかし。この文字の部首が何なのか、どうやって調べればよいのだろう?

そこで路線を変更し、漢字の成り立ちについて調べてみることにする。

ふたたび『何でもわかる漢字の知識百科』にて、部首と偏旁《へんぼう》冠脚《かんきゃく》の解説を見る。

部首とは、漢字を整理する際に設けられる構成要素の共通部

分で、文字の左側にある「偏」、右側にある「旁」、頭にある「冠」、下にある「脚」の他、文字の外側を囲む「構《かまえ》」、文字の外で垂れる「垂《たれ》」、文字の外側をめぐる「繞《にょう》」などがある。漢字を部首ごとに分類した最古の字典は『説文解字《せつもんかいじ》』（一〇〇年）で、そこでは540の部首に分類されている。その後、『説文解字』の影響を受けて様々な図書が編まれたが、そのときどきで、部首の数だけでなく部首の建て方も変わっているという。

例えば、『説文解字』では、「口」とは別の部として建てられていた「品」や「哭」が、後世の『五経文字《ごきょうもんじ》』（七七六年）では、すべて「口」という部に統合されている、といった具合。しかも、『説文解字』に始まった部首法は、それぞれの部そのものの配列についても、一貫した原則が後世までなかったという。漢字の配列法として、部首を画数の順に配列し、部首内の文字も画数順に入れるとする方法が発明されたのは、明の時代に編纂された『字彙《じい》』（一六一五年）が最初だという。その後、『正字通《せいじつう》』を経て整備されたのが、清の時代の勅撰字典『康熙字典《こうきじてん》』（一七一六年）。

日本でも、明治以降の漢和辞典のほとんどは、『康熙字典』の部首と配列にしたがっていたそうであるが、現在では、部首が引きにくい、不合理な点があるといったことから、「独自の工夫をこらした部首を建てた漢和辞典が出版されている」という。

えええ〜っ。部首ってそんなに自由なものだったの？

どちらにしても、部首を特定してから辞典にあたるのは難しそうだ。

どうにか古代文字をシステマティックに読み解く方法はないだろうか？　と思い悩んでいると、

『甲骨文字の読み方』[3]という本を見つける。

著者によると、古代文字を解読するために研究者が用いる方法は、大きく分けて2種類ある。1つは、その文字が何を表現しているのかを推定し、文字の意味から判断する方法。もう1つは、その甲骨文字の形に最も近いと思われる現代の字形におきなおしてしまう方法。専門家が解読する際には、数多くの文例を集めて、文字の共通点や使われ方から意味を明らかにしたり、形が類似する甲骨文字や金文、篆書などを参考にして、字形の変遷過程の復元を試みたりするそうである。しかし、それではあまりにも大変なので、研究者でないならば、手っ取り早く文字の意味を推定するか、見た目から判断するのがよい、とあった。いや、それができないから悩んでいるのですが……。

ところで、お客様はこの文字をどこで見たのだろう？ それがわかれば、意味から解読法ではないが、文字のアタリもつくかもしれない。もう少し、手がかりをもらいたいと思い、依頼者であるU氏のご自宅に電話する。しかし、ご本人はちょうど1週間の旅行に出られたところだった。「お返ししていない本でもありましたか？」というご家族の言葉に、あわててそうではないことをお伝えして電話を切る。悲しいことだが図書館からの電話イコール督促電話と思われることが少なくない（事実、返却督促の電話が一番多いのではあるが）。

いつだったか、予約図書のことでお子さんに連絡をしたら、電話を受けたお母さんが、こちらが用件をいわないうちに、「本はちゃんと返しなさいっていってるでしょ！」と怒り出したのであせったこともありました。

仕方がない。こうなったら、辞典をじゅうたん爆撃して探していくしかないか、と覚悟を決める。

そんな中、書架整理をしていて1冊の本が目にとまった。[4]『古代文字字典―甲骨・金文編』。参考図書コーナーの辞典類に比べるとハンディな字典だが、とりあえず中を開けてみる。

なんと、この字典における漢字の配列は、現代文字の総画数順だった。そして、1文字1行で、現代漢字、音訓とともに、『説文解字』所収の小篆の他、中国で出版された甲骨文字に関する古典的名著『甲骨文編』や、日本の『字統』などに収録された古代文字を一覧できる作りになっている。

質問の文字が、現代文字で何画になるのか不明だが、近そうな画数からあたっていくことで、調査範囲を狭められるかもしれない。

まず、は、まあ4画でしょう。は、上の部分が3画、下の部分は2画、合わせて5画と考えることにする。

文字は、一般的にだんだん簡略化されていると考えられるので、誤差を勘案して、2画から見ていくことにする。

6画に収録されていた「行」の甲骨文、古文字の欄に、と似た形を発見する。気をよくしてチェックを続けると、同じく6画の「印」の小篆にに似ている文字を発見！　これか!?

しかし、よくよく見てみると、と、字典に掲載された巳に似た部分の向きが逆であった。念のため、調査範囲を広げてみたが、「印」以上に似ている文字はなさそうだ。

とりあえずこれを手がかりに調査をすすめよう。先ほどは使えなかった、いえ、使いこなせなかった『甲骨金文辞典』に戻る。

それぞれの漢字の部首を手がかりに、部首索引を見る。「印」は、「卩」(ふしづくり・せつづくり)の部にあった。『甲骨金文辞典』では、『古代文字字典―甲骨・金文編』よりも、さらに多くの古代文字の字典類から多様な文字例が収録されている。嬉しいことに、巴の向きが逆の文字も掲載されていた。どうやら「印」で正解のようだ。

次に「彳」(ぎょうにんべん)の部を調べる。あれ?「行」の字がない?「行」の部首は「彳」だったよね? 首をかしげつつ、音訓索引で検索する。なんと「行」の部首は「行(ぎょうがまえ・ゆきがまえ)」であった。やっぱ難しいぜ、部首法。いささか翻弄されたが、何とか無事に、「行」の文字例も確認する。こちらは問題なく「行」という文字と認定してよさそうだ。

してみると、質問の文字は、「印行《いんこう》」か「行印《こういん》」ということになると思われる。『日本国語大辞典』を見る。「印行」は、「文書や絵などを印刷して発行すること。板行。刊行」、「行印」は、「銀行の公式の印判」とあった。

U氏に連絡して調査結果をお伝えする。

質問の文字は、古代文字というわけではなく、ある本の奥付にあったものだそうな。この文字は「印行」であろうということで一件落着となった。

【主な使用資料】

1『何でもわかる漢字の知識百科』阿辻哲次ほか編 三省堂 2002年
2『甲骨金文辞典 上・下』水上静夫編著 雄山閣出版 1995年
3『甲骨文字の読み方』落合淳思著 講談社（講談社現代新書）2007年
4『古代文字字典 漢字のルーツ 甲骨・金文編』城南山人編 マール社 2002年

「経験値を増やす」

冊子の辞典類を引く機会の減っている昨今ですが、きちんと辞典類を引けることは図書館員の必須要素。しかし何の書体でどの辞典を引いていいのか悩んでしまう今回の問い合わせ。木崎さんは漢字の成り立ちや漢和辞典の引き方を確認しながら調査を進めました。一見、遠回りかもしれませんが、そうして得た知識が調査に生かせることはよくあります。簡単に答えは見つからなかったにせよ、背景を調べながら理解を深めていけました。調査を通じて木崎さんは部首の成り立ちなどを知ることができました。経験値がアップです。次に似たような質問を受けた時には、もっとスムースに調べられることでしょう。

「ソ」という食べ物のレシピがみたい

秋本 尚美

久々のカウンター、何だか緊張するわ。それにしても、たった5年図書館を留守にしていただけなのに、この浦島太郎気分はなんなのかしら？

最近は、電話やメールでのレファレンスが増えたってみんないっているけど、世の中にレファレンスが浸透してきた証拠かしらん。それならうれしいけど、図書館にこなくても便利ってことだとちょっと寂しいなぁ……。そんなことを考えていたらさっそく電話がなった。

「あかね市立図書館です。ハイ、電話でもお受けしています。「ソ」ですか、昔の食べ物……。どのくらい昔ですか？　……かなり昔。どんな字を書くのですか？　……わからない。レシピが欲しいということですね。わかりました。お調べします」

「秋本さん、いまの電話、レファレンスですか？」

「そう。「ソ」っていう昔の食べ物のレシピが欲しいそうよ。簡単に作れて美味しいらしいので、自宅で試してみたいんですって。本宮さん聞いたことある？」

「「ソ」ですか。お味噌のことじゃありませんよね？　もちろん」

「……」

復帰後初の電話レファレンス。ちょっと不安もあるけど、今回は正統派でいこうかな。まずは概要調査。その後は専門事典、それから一般書の調査ね。漢字がわからないから、とりあえず[1]『日本国語大辞典』を引いてみよう。

「ソ」で引いてみると、思ったよりたくさんの「ソ」が載っている。食べ物は、胙・蔬・酥（蘇）。でも胙・蔬は食材。加工品は「酥（蘇）」だけだからこれかしら。「牛乳または羊乳を煮つめて作ったもの。酥油《そゆ》」とある。ということは乳製品。『日本国語大辞典』で引用されている用例は『延喜式《えんぎしき》』『十巻本和名抄《じゅっかんぼんわみょうしょう》』『守護国界主陀羅尼経《しゅごこっかいしゅだらにきょう》』『雑談集』『本朝食鑑《ほんちょうしょっかん》』とたくさんの資料に載っている。『延喜式』って平安時代の資料だったっけ？　こんな時代から乳製品があったなんて、びっくり。

かなり古い時代の食べ物だとわかったので[2]『日本古代食事典』を引いてみる。「酥・蘇」の項目に「牛乳を煮詰めて作ったほぼ固形状のもの」とあり、『延喜式』の製法が引用されている。

「〈作蘇之法、乳大一斗煎　得蘇大一升〉つまり、一斗の牛乳を煮つめると、一升の酥（蘇は酥に同じ）ができるといっている。この記述によれば、牛乳を10分の1に加熱濃縮したものが「酥」ということになる。しかし、牛乳には固形成分が12パーセント位含まれているから、正確にいえば、10分の1に濃縮することは不可能であるが、近い製品にはでき上がる。再現したことがあるが、味はきわめてよく、上等なチーズケーキかミルクキャラメルのような甘美なものであった」

あら、美味しそう。お客様が作りたいのはこれかしら。せっかく再現したのなら、レシピも書いておいてくれればよかったのに……。

ここでも引用されている『延喜式』は、平安時代の律令施行細則で、蘇はこの時代献納されていたため、製法だけでなく貢進の順番と年が記されている。

昔といえば、『国史大辞典』[3]も外せない。項目ごとに参考にした資料を載せてあるから便利なのよね。『国史大辞典』によれば、蘇は奈良・平安時代に食用・薬用・供饌用として作られた乳製品。酥とも書く。製法は『延喜式』、中国古代の書物の『本草綱目《ほんぞうこうもく》』や『斉民要術《せいみんようじゅつ》』、および仏典などに載っていて、大別すると2種類。ひとつは牛乳に熱処理または若干の加工を施し作る。もうひとつは牛乳を発酵させて酪を作り、その酪をさらに加工して作る。だけど「加工」ってなに? そこんところが知りたいでしょ、普通。でも、歴史の辞典にこれ以上は望めないわよね。料理の本じゃないんだもん。

参考資料としてあがっていた『木簡が語る日本の古代』[4]と「日本上代の牛乳と乳製品」(『日本社会経済史論考』所収)のうち、所蔵している『木簡が語る日本の古代』を見ると、蘇はヨーグルト説、コンデンスミルク説、バター説、チーズ説など諸説ある。そして『延喜式』『斉民要術』『本草綱目』に記されている蘇の作り方がそれぞれ載ってはいるのだが、読んだだけでは簡単に作れそうもない。それでも、大学のゼミの学生さんが復元にトライしていて、その味は製法によって異なるようだ。だから諸説あるのかな。もしかしてそれぞれのレシピが必要ってこと!? ハハハ……。さすがにそれはちょっと無理。各種製法があることはわかったけど、肝心のレシピが探せない! 次は乳製品関係の資料ね、それと児童書も。

「乳製品」で検索すると、何点かよさそうな本が見つかり、書架に本を見にいった。

民俗関係［38］の棚で『古代日本のミルクロード』[5]を見ると、扉に蘇の復元写真がある。写真の蘇は、褐色で表面はややざらざらした感じ。目次から「蘇を復元する」を見てみると、「『延喜式』に記されている蘇は、『本草綱目』が述べる酥に比べると比較的製法が簡単なため、再現を試みた研究者は多い」とある。そうよね、私が見た資料のほとんどが『延喜式』製法で再現していたもの。先人に倣って『延喜式』製法のレシピを探すのがよさそう。ほかの製法より簡単にできるみたいだし。

『延喜式』製法では、火加減が製品の品質と収量を左右するらしく、この本には作り方が以下のように記されている。

「ミルク1リットルを、直径18センチメートル、深さ11センチメートルの厚手のアルミ鍋に入れる。ミルクは鍋の3分の1程度の量である。ガスの火は弱くして、ミルクの温度を摂氏85度から90度に保つ。（中略）ミルクが沸騰しないように注意しながら攪拌を絶やさないようにする。（中略）1時間で全体に褐変が進み粘度も急に増加する。このころは、ミルクの容量は3分の1ぐらいに減少する。（中略）水分が蒸発して濃縮されたミルクが容器の底に着かなくなると火を止める」

　これならかなりレシピに近いみたい。自宅でも作れそう。でも、これで美味しくできるのかな？復元実験なので味については書いていない。もう少し他の資料も探してみよう。

　ところで、私にはちょっと気になっていることがあった。これまで調査に利用した資料は、蘇＝酥で、両者を特に区別していなかった。でも、異なる製法で作られた味の違う乳製品が、同じ蘇と呼ばれていることを不思議に思っていたところ、その答えを発見した。

この『古代日本のミルクロード』によれば、「ソ」は単に表記が異なるだけの説と、まったく別の乳製品だという説があり、「酥」は主に『本草綱目』など中国伝来の本草書に、「蘇」は『延喜式』など日本古代の律令書に現れる。製法も、「酥」は弱発酵したミルクから、浮上する成分を回収してつくるもの。「蘇」は醗酵することなくミルクが成分のすべてである濃縮乳とあり、両者は物性が異なる乳製品なのだそうだ。平安時代中期に刊行された辞書『和《わ》名《みょう》類《るい》聚《じゅ》抄《しょう》』が「蘇」と「酥」は同じであるとしていたため、現在までこの説を疑うことなくきてしまったらしい。

棚の隣にあった[6]『古代日本のチーズ』も見てみると、「蘇は酥ではない」と目次にある。内容を確認すると、こちらは物性の違いではなく、朝廷が造蘇使を派遣して加工を命じたのは、「蘇」であって「酥」ではないとの記述。そうですか。『古代日本のチーズ』の著者は『古代日本のミルクロード』と同じだけれど、こちらにはレシピはない。

実はこの目次を見て、最初に目に入ったのは「光源氏とチーズ」。「蘇は酥ではない」と同じページに載っていたのだ。光の君もチーズを食べた⁉　まさかね。光源氏は物語の主人公なのだし、源氏物語でそんな記述を見た覚えもないし。でもなぜか光源氏がワインとチーズで、愛を語らう姿が目に浮かんでしまうから不思議。さすがにこの時代にワインはないわよね。ワインに詳しい川波係長なら、いつ頃日本に入ってきたご存知かも。中身を通読したい誘惑に駆られるがぐっと我慢、先を急ぐ。

次に「64」の畜産の棚で[7]『牛乳と日本人』を見る。こちらも『延喜式』製法で蘇を復元していて、ペースト状のものを冷やし固めている。味は、粉ミルクを濃くといて練ったものという。う～ん、これって味覚の違い？　作り方の問題？　でも、蘇の煮つめ具合を「6分の1から7分の1くらいがもっともよく、煮つめに煮つめても8分の1であった」（『復元万葉びとのたべもの』[8]）を引用していて、ｇｏｏｄ。やっぱり美味しく作るには火加減、煮つめ具合は大切な要素なのね。ぜひこの本が見たい！　と検索してみると幸い所蔵していた。

『復元万葉びとのたべもの』には「煮立つまで中火にかけ、あと弱火にしてときどき木杓文字《きしゃもじ》で混ぜながら煮つめる。（中略）ドローッとなったらときどき鍋を火からはずし、鍋の余熱を利用しながら煮つめる。色がベージュになり（中略）、こし餡くらいの固さになったら麻の布にとり整形する」とあり、レシピというほどではないが、作り方の様子は十分つかめる。著者が伝承料理研究家だけあって「口の広い浅手の鍋のほうが早く煮つまる」とか「木杓子は先端が平たく大きいほうが扱いやすい」など、ステキなご指導もあり。味はチーズよりやさしく、ミルクキャラメルより甘味濃くなく、香ばしいのもができあがるらしい。『古代日本のミルクロード』のレシ

ピ&扉の蘇の復元写真とこの本で、なんとかなるかしら。

翌日は、苦手な児童書の探索を富士さんに頼んでいたので、今までの調査結果を報告に、児童コーナーに顔をだした。すると富士さんは恐縮したように
「ごめんなさい、秋本さん。難航しているのよ。児童書は、実験みたいなものをよく載せているから探せると思ったんだけど。復元された蘇の写真はあるの。でも作り方のほうがねぇ……」

「すみません！　富士さん、忙しいのにお願いしてしまって。一応レシピのような資料を見つけました。ただ、これで間に合うかどうかお客様に聞いてみないとわかりませんけど」

富士さんと一緒に、事務室に戻ると、私の机の上に黄褐色の固形の物体が鎮座ましましていた。メモには「奈良のお土産です。少しですがご賞味ください。伊予」

そしてその物体の隣には「飛鳥の蘇」と書かれた栞《しおり》。え～、もしかしてこれが、私が探し求めていた蘇なるもの？　そして、この栞はレシピ？　「しぼりたての生乳をこげつかさないように7～8時間火にかけ、水分を取ると、赤みをおびたベージュ色のかたまりができます」。なんとシンプルなお言葉。でも、美味しく作るのは、シンプルイズベストなのもしれない。お土産の蘇は、あっさりしているけれどクリーミーで、香ばしく懐かしい味がした。

紙の資料に限定しただけで、調査がこんなに大変になるとは思わなかった。本の情報だけではちょっと心もとないので「飛鳥の蘇」の栞や、私が接写した蘇の写真も紹介してみよう。「飛鳥の蘇」を

作っている西井牧場（奈良県橿原市）のホームページは作業工程の写真を載せているから、来館時にご覧いただくのもいいかも。

それから「ソ」には「蘇」と「酥」があって、製法が異なることと、今回調査できたのは「蘇」のレシピだということをお客様にお伝えしなくちゃ。でも、なんで伊予さんは、私が「蘇」のレシピを探しているのを知っていたのかしら？　まあいいや。美味しいお土産&情報ありがとう、伊予さん。今度ビールご馳走するからね。

「光源氏とチーズ」がずっと気になっていたので、後日『古代日本のチーズ』を借りて読んでみた。つまりは、光源氏のモデルの一人とされている藤原道長が糖尿病の治療薬として蘇と蜜を常用していたことが記されていた。「蘇」は平安時代には、皇族や上流貴族だけが食べられるきわめて貴重な栄養源だったようだ。

【主な使用資料】

1『日本国語大辞典 第2巻：第2版』小学館 2001年
2『日本古代食事典』永山久夫著 東洋書林 1998年
3『国史大辞典 第8巻』吉川弘文館 1987年
4『木簡が語る日本の古代』東野治之著 岩波書店（岩波新書）1983年
5『古代日本のミルクロード』廣野卓著 中央公論社（中公新書）1995年

6 『古代日本のチーズ』廣野卓著　角川書店（角川選書）１９９６年
7 『牛乳と日本人：新版』吉田豊著　新宿書房　２０００年
8 『復元万葉びとのたべもの』樋口清之ほか著　みき書房　１９８６年

「新たな疑問」

まず『日本国語大辞典』や『国史大辞典』など定番の参考図書をめくって手がかりを得ました。はっきりしていない事柄を調べる場合、いきなり各分野の棚に直行するより、わりと広く書かれた参考図書から調べ始めると、効率的な調査につながることが多いようです。さらに「蘇」と「酥」の違いはなんだろう、光源氏が食べていたチーズって気になるな、と調べながら湧いてきた疑問から、多くの事柄を知ることができました。新たな疑問を調べて、より深く理解できるというのはよくあるケース。時には調査中に立ちどまって、頭の中を整理してみるといいでしょう。実際に蘇を食べてみるといった寄り道も調査の味を引き立てると思います。

大卒初任給の変遷について

富士 のぶえ

今朝も息子の部屋からBump of chicken の歌が聞こえていた。ああやって自分に応援歌を送っているのだ。息子は今春から社会人になったばかり。いろいろ厳しいことにも直面することだろう……。おっと、こんな感傷に浸ってはいられない。今日はいつも担当する児童カウンターではなく、一般のカウンター当番の日。私こそ厳しい現実に直面するかも。

午前中、カウンターに座っていると20歳そこそこの女子大生らしき人が声をかけてきた。

「あのう、大卒初任給が一覧になっているようなものはないでしょうか？　昭和初期くらいからのものがみたいんですけど……」

「大卒の初任給ですか？　一覧になったものですね」

ムムッ、それって統計！　統計はちょっと苦手な分野なのだ。日本は統計の日（十月十八日）があるくらい統計が好きな統計大国だ。各種の統計がそろっているが必要な統計を短時間で見つけるのは難しい。普段から統計の資料によく目配りをしておく必要があるのだが、これがなかなか……。とりあえず参考図書の棚にいってみよう。一緒にカウンター当番をしている秋本さんに後を頼みお客様を案内する。

分類番号［35］（統計）と［366］（労働経済、労働問題）の棚をまず見た。賃金のことなら『賃金センサス』（賃金構造基本統計調査をまとめたもの）がオールラウンドに取り扱っている。これは現在、厚生労働省統計情報部から刊行されていて賃金の実態を総合的に見ることができる。確かに新規学卒者の初任給額という項に大学卒の額が詳しく出ている。しかしこの資料は平成元年以降のものでお客様が必要とする昭和初期のものは載っていない。

同じ［366］の棚の参考資料で[1]『賃金決定指標（旧賃金統計総覧）』を発見。初任給の項目に、日経連調査による決定初任給の推移という一覧表があり、昭和五十年から平成九年のものが出ていた（資料出所は「日経連新規学卒者決定初任給調査」）。これでも昭和初期がわからない。

「出ていませんでしたね。それでは白書を見てみましょうか」

賃金ということだから『厚生労働白書』を見てみよう。以前は『労働白書』だったけど、省庁再編の影響は白書の書名にも及んでしまった。なかなか慣れないものだといまだに思う。しかし『厚生労働白書』にも初任給については載っていなかった。祈るような気持ちで近くの棚にある[2]『労働経済白書』を見てみると主要労働統計表のところに初任給の一覧表が一九七六年から八五、九〇、九五年と飛び飛びに出ていて、二〇〇〇年からは毎年分が載っている。これも昭和初期がカバーされていない。

うーん、参考図書の棚以外で使える資料はないか？　そうだ、値段ということで読み物としても面白い[3]『値段史年表　明治・大正・昭和』はどうだろうか。これは『週刊朝日』に連載されていた『値段の〈明治・大正・昭和〉風俗史』をまとめたものでいろんな物価の移り変わりをみるのに大変便利な資料だ。目次から初任給という言葉を拾ってみると銀行員、公務員、巡査、小学校教員の順に載っている。資料提供は人事院、東京都人事委員会、となっている。この中で大学卒とことわっているのは公務員の項目だけだが一応、昭和十二年（75円）、昭和二十一年（５４０円）それ以降は昭和五十五年まで連続して出ている。お客様の話を聞いてみると大学のレポート作りに必要な資料らしいが『値段史年表』と『賃金決定指標』『労働経済白書』を合わせれば何とか形になりそう、ということでコピーしていかれた。午後から授業があり時間がないということだったので、もう少し詳しいことがわかったら連絡します、とお伝えする。

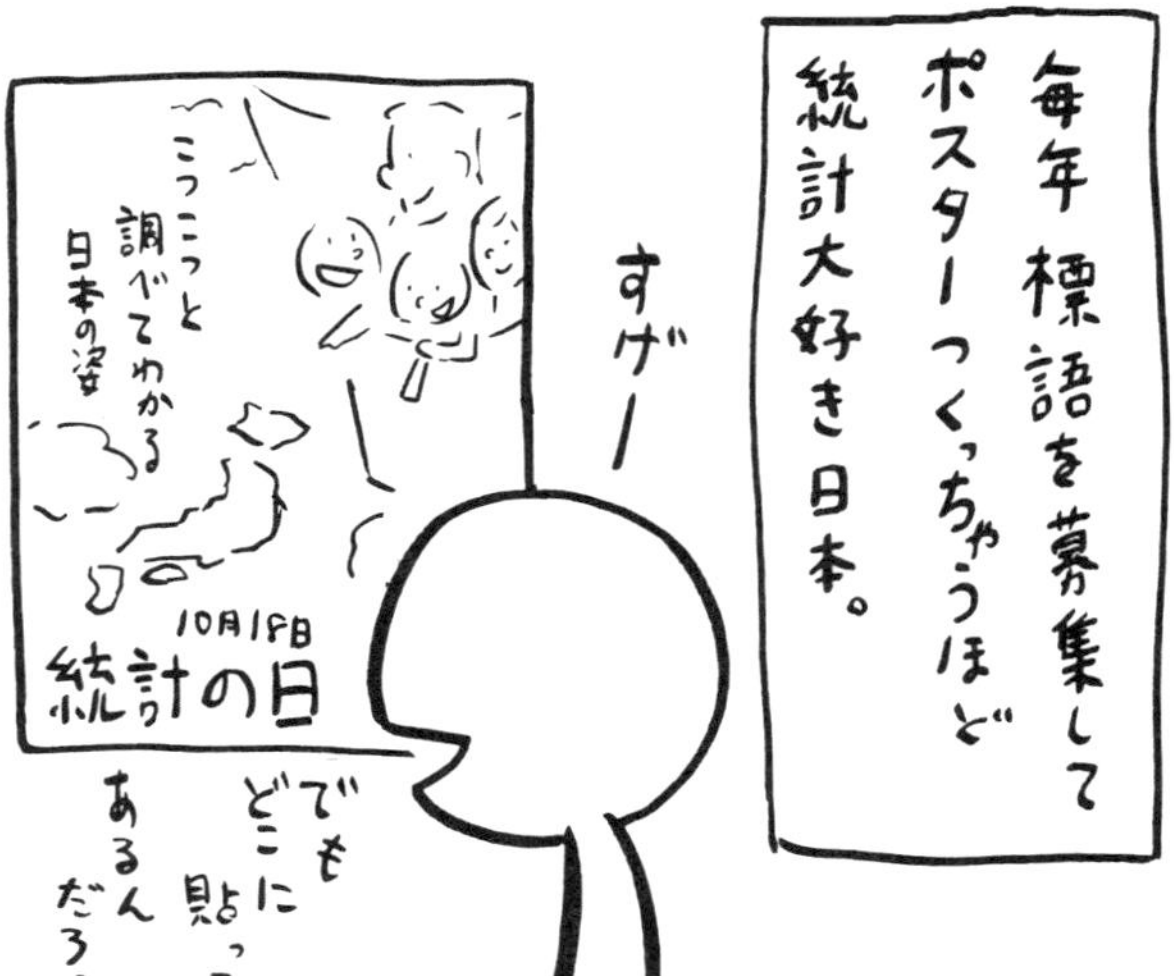
毎年 標語を募集して
ポスターつくっちゃうほど
統計大好き日本。
すげー
こつこつと
調べてわかる
日本の姿
10月18日
統計の日
でも
どこに
貼って
あるん
だろう

午後からは事務室で業務をしながら秋本さんに先ほどの経緯を話していると、川波係長から声をか

けられた。「統計の場合、どこまでを必要とされているのか押さえておく必要がありますね。初任給とひとくちにいっても公務員と民間でも違うし、どんな職種・業界・企業規模を調べたいのか、昭和初年から連続していないといけないのか飛び飛びでもいいのか……」

「はい、一応一般的に推移がわかるものならよい、ということだったのですが」

そうだ、こういう点をきちんと押さえておかないといけないのだった。

「統計の基本書といえばやはり[4]『日本統計年鑑』、それに昭和ということなら[5]『完結昭和国勢要覧』を押えておくべきでしょう」と川波係長。そこへ伊予さんが横から「『読売ニュース総覧』などにも案外載っているかも。そうそう、歴史の棚の昭和史から見てみるというのも手かもしれないな」

新聞や昭和史に目をつけるとはさすがだなあ。

お2人のアドバイスを受け調査再開。

『日本統計年鑑』には昭和五十三年のものから学歴別新規学卒者の初任給が出ている。『完結昭和国勢総覧』はどうだろうか？　こちらのほうは「学歴別初任給の推移」が昭和二十九年から六十三年まで出ており労働省の初任給調査についての解説もついている。また昭和十二、二十一、二十三〜六十三年と飛び飛びではあるが国家公務員と三公社五現業職員の初任給という一覧表もあった。

『読売ニュース総覧』のほうは賃金の項に日経連調査による大卒事務職の初任給が出ている年もあるが一覧というわけにはいかない。昭和史の棚をざっと見てみると『朝日新聞社説にみる戦後』という本を発見。戦後データ集の中の給与・賃金の変遷というところに巡査・小学校教員と並んで銀行員（都市銀行、大卒）が昭和二十年から六十二年まで出ている。資料出所は例の『値段史年表』となっているが横に比較した形で表にしてあるのでわかりやすい。昭和二十年代には巡査や教員の初任給が銀行員を上回っているのが意外だ。総理大臣給与との比較もあって資料としては興味深いかもしれない。

と、ここまで調べたところへ秋本さんが息せき切って（？）現れた。

「ありましたよ！　初任給が一覧になったもの。「物価」ということで先日新しく受け入れた『明治・大正・昭和・平成　物価の文化史事典』[6]を思い出したんです。見てみたら「初任給の推移」という項目があって……」

さっそくその本を見てみると、おお！「日本の賃金100年」という項目の中に「初任給の推移」として一九五二年から二〇〇四年までの男女事務系大卒初任給の一覧が載っている。東京オリンピック（一九六四年）あたりからの高度経済成長を受けて初任給も一気に上昇していることが手に取るようにわかる（一九六四年　男性大卒月額　21526円→一九七四年　同82629円など）。惜しむらくはこの一覧には昭和初期がないが「報酬・褒賞・資産」という章に国家公務員の大卒初任給（昭和二十九年から）や小学校教員の初任給（明治四年から）があり、こちらの資料でだいぶカバーできるのではないだろうか。

それにしてもこの資料、オールラウンドに物価が扱われており「百貨店・三越食堂にみるメニューと値段変遷」という項目もある。昭和三年にはコーヒー1杯10円、和定食80銭だったのが昭和三十年にはコーヒー50円、和定食200円、さらに平成十年にはコーヒー300円、和定食1000円と推移していることもわかる。昭和三十年と平成十年の大卒初任給を比較してみると15倍ほどになっているとはいえ生活が楽になっているとは思えないのだが……。

図書館資料での調査は一応これくらいにしてインターネットの情報も押さえておこう。統計といえば、まず総務省の〈統計局ホームページ〉[7]を見るのが一般的だが最近はオールラウンドに検索できるものとして〈政府統計の総合窓口〉[8]も有効だ。「キーワードで探す」のところに初任給と入れて検索すると（この時、大卒初任給などとしないほうがよい）、企業規模別　新規学卒者の初任給の推移を昭和五十一〜平成二十年まで一覧表の形で見ることができる。

昭和初期の資料が少ないのが気になるがとりあえずの成果をお客様に連絡して、後は必要なものを選んでもらおう。

今日は統計づくめの1日だったなあ。帰り道で石尾さんと一緒になったので今日のことを話してみると「統計って難しいですよね。私は『統計ガイドブック』[9]とか『統計情報インデックス』[10]とかにまずあたるようにしているんですよ。『統計ガイドブック』は刊行年が少し古いけど参考になりますよ」

そうか統計のガイドブックを見ると扱っている資料をもっと広範囲に知ることができるな。明日さっそく見てみよう。それにしても仲間に支えられてレファレンスが深まっていくんだなあ、感謝！

いろいろ調べていてわかったことだが初任給は英語では「Starting Salary」というらしい。わが家の息子の初任給はいくらぐらいになるのか。何かプレゼントがもらえるのかしらん？

【主な使用資料】

1 『賃金決定指標』労働省大臣官房政策調査部編 総合労働研究所 1997年
2 『労働経済白書』厚生労働省編、日本労働研究機構 2001年
3 『値段史年表 明治・大正・昭和』週刊朝日編 朝日新聞社 1988年
4 『日本統計年鑑』総務庁統計局編 日本統計協会 1949年〜現在
5 『完結昭和国勢総覧』東洋経済新報社編 東洋経済新報社 1991年
6 『明治・大正・昭和・平成 物価の文化史事典』森永卓郎監修 展望社 2008年
7 〈統計局ホームページ〉総務省統計局 http://www.stat.go.jp
8 〈政府統計の総合窓口〉総務省統計局・独立行政法人統計センター http://www.e-stat.go.jp
9 『統計ガイドブック 社会・経済：第2版』木下滋・土居英二・森博美編 大月書店 1998年
10 『統計情報インデックス』総務庁統計局編 日本統計協会 2008年

「定番の調査」

統計関係はよく問い合わせを受ける定番の調べものです。近年の統計だったら官公庁のホームページなどでも公開されていますが、今回は昭和という長期間の大卒初任給が対象。やや手こずったみたいですね。最後に石尾さんがアドバイスをしているように、統計情報を知るための参考図書もあるので活用してみるとよいでしょう。昭和の調査だったら、刊行年が古いもののほうが役に立つかもしれません。また定番の調べものゆえに、調べ方のガイド情報を探してみるのも一つの手。例えば、国立国会図書館のホームページでは各種の調べ方を案内しているので何かヒントは得られないか、のぞいてみてもいいと思います。

桓武《かんむ》天皇に関する呪いとは

横道 独歩

ゴールデンウィークが過ぎて数日たった。今日は五月晴れのよい天気。出勤途中で通る街路樹の木立の若葉の緑が増してきて、気分がいい。館内も外から射し込む光でいつも以上に明るく感じる。

午後3時を過ぎた頃、学校帰りと見える制服姿の中学生らしい男の子がレファレンスカウンターに近づいてきた。顔を見ると小学生の頃からときおり図書館にきている子のようだ。

「何かお探しですか?」と声をかけると、少し遠慮がちに話してくれた。

来月修学旅行で京都と奈良にいく予定で、その前に下調べをするらしい。グループで調べるテーマは平安京のこと。彼が先生に何を調べたらよいか相談したところ、「桓武天皇と呪いについて調べてみたら?」といわれたそうだ。

呪いかあ。自分は怖いものは苦手なんだけど。不十分な調査をして後で呪われても嫌だから、できるだけきちんと調べよう。

「学校の図書室では、自分で調べたり司書の先生に相談してみたの?」と聞くと、

「授業が終わると部活動があるので、なかなか図書室にいけないのです」と答えた。

修学旅行は来月の初めの頃らしいし、あまり時間もないのだろう。

「では、調べてみますから少しの間待っていてください」

そう伝えると、中学生は窓際の閲覧席のほうに向かっていった。

はたして桓武天皇に関する呪いとは、桓武天皇が呪ったのか（加害者）、呪われたのか（被害者）もわからない。その点も含めて調べてみよう。

まずは、レファレンスカウンターの端末でインターネットを検索した。「桓武天皇　呪い」をキーワードに検索すると、多くのページにヒットした。いくつかのページを開いて読んでみると、このような内容である。

桓武天皇が皇位に就いたあと長岡京遷都が計画され、その事業を遂行していた藤原種継《ふじわらのたねつぐ》が暗殺された。桓武天皇は、種継暗殺の首謀者とみなされた桓武天皇の実弟であり皇太子の早良親王《さわらしんのう》を廃した。淡路に流刑の身になった早良親王は無実を訴えつつ死去した。その後凶事が相次ぎ、早良親王の祟《たた》りによるとされた。早良親王の呪いを恐れた桓武天皇は、再び遷都を決意し平安京に都を移した。

なるほど、高校の日本史の授業で教科書の脚注や参考書に補足のような内容で記述されていたことを思い出した。質問してきた彼は中学生なので、中学校の歴史ではまだそのレベルの内容までは教わっていないのかもしれない。先生が彼にアドバイスしたのは、平安京遷都の経緯を調べさせるという意図と推測した。桓武天皇は呪われた被害者であるようだ。

自宅でネットサーフィンしたりおおまかな情報を得る程度なら、このあたりの情報で十分だと思う。

しかし、これらは歴史好きの人たちが趣味でホームページを作って載せている情報のようである。図書館で受けたレファレンスだし、より信頼できる本でも回答を見つけておきたい。ちなみに、京都市観光協会など京都の行政関連の機関や旅行案内関連のサイトも見てみたが、質問に役立つ内容は載っていないようだ。さすがに「呪い」は広報や案内情報に載せるのはよくないのかな。

インターネットサイトを閉じ、当館の蔵書検索ＯＰＡＣのメニューを開きなおした。検索語に「桓武天皇」を入力して検索した。次に「呪い」「呪術」を入力して検索した。ヒットした資料の中から、役に立ちそうな資料をピックアップしてメモした。

検索した資料を探しに席を立つ。こういうときは無意識に「さあいくぞ」という気持ちになる。ただ、せっかちな自分は机の端や端末にエプロンを引っ掛けてしまうので、気をつけている。

まず、参考図書コーナーにいき、それぞれの辞典類の「桓武天皇」の項目にあたった。

百科辞典の中では[1]『日本大百科全書』に記載があった。内容はインターネットで見た情報と同じことが書かれている。

日本史分野の事典類の中では、[2]『日本歴史大事典』[3]『国史大辞典』に記載があった。『国史大辞典』には早良親王の霊への鎮謝のことが詳しい。延暦十九年に早良親王へ崇道天皇の名を贈ったことや、同二十三年に大暴風雨によって中院西楼が倒壊した時、牛が打死し、天皇の生年が丑であったことから牛が殺されたり死んだりするのを特に恐れ、延暦十年・二十年に殺牛祭神の民間信仰を禁止したのもそれにもとづく、ということが書かれている。

説話の観点からの情報はないかと考えてあたった資料が『日本説話伝記大事典』[4]である。長岡京遷都の頃の記述として『日本霊異記 三八』が引用されている。延暦三年の冬十一月八日の夜すべての星が動き飛び乱れ、天皇が宮を移される証拠であった、とある。また、次の年の秋九月十五日の夜月の表面が黒く、光が消えて闇夜となったのは藤原種継が暗殺された前兆であった、としている。出典をきちんと記された上で書かれているのが丁寧な印象を受ける。

天皇関連のテーマということで、分類番号［288］の皇室あたりを探すと『歴代天皇・年号事典』[5]という資料が目についた。「桓武天皇」の項の文章は『国史大辞典』の資料の文面によく似ている。改めて見比べてみると全く同じ文面である。末尾執筆者の記名も、本の出版社も同じであった。こちらの本は最近の出版だから、『国史大辞典』の文面をそのまま取り入れて編集したようである。

次に一般書の書架を見た。

「桓武天皇」でOPAC検索してヒットした本のうち、まずは村尾次郎著『桓武天皇』[6]を見た。第四「苦悩」の章に、早良親王の怨霊という項目がある。この本はいくつかの辞典に参考文献として記されている。桓武天皇のことを調べる基礎資料の1つのようだ。もう1冊、タイトルが同じ『桓武天皇』[7]で井上満郎氏の著作があった。第四章「長岡京時代」の中で、長岡京遷都から廃都のことが述べられ、早良親王の怨霊のことも言及されている。

日本史関連で、質問に適当なものが2冊あった。

1冊は『道教と日本の宮都 桓武天皇と遷都をめぐる謎』[8]。「魔都・京をめぐる謎」の章に怨霊と平安遷都の謎に重点を置いて書かれた文章が載せられている。図や写真もあり、中学生でも興味を引きそうだ。

もう1冊は『歴史誕生 15』[9]。「桓武天皇怨霊と闘う」という特集がある。ＮＨＫの番組の内容を本にまとめた資料のようで、映像資料的な側面もある。その中に小松和彦氏の発言で「桓武天皇の生きた奈良時代から平安時代、当時非常に流行した信仰に、呪い信仰というものがあるんですが、桓武天皇もこの呪い信仰にとりつかれていたんではないでしょうか」という文面があった。呪いや祟りなど、現代では非科学的といわれる事柄が人生や社会生活に深く影響を及ぼしていたのであろう。

この図書館で調べられる内容はこのあたりで十分のように思い、閲覧席にいる中学生に声をかけ、レファレンスカウンターにきてもらった。

そして、調査した流れを簡単に説明した後、資料を示した。

「君が探していた桓武天皇に関する呪いについてはこれらの情報をまとめれば修学旅行の下調べができると思いますが、この中から自分で必要だと思うものを選んでまとめてみたらどうでしょう？　一般書は貸出もできます」

「わかりました。少し読んでみます」といって、中学生は資料を抱えて閲覧席に戻った。

夕方になり空が赤く染まりかけた頃、中学生がレファレンスカウンターにやってきた。

「ありがとうございました。だいたいわかりました」

「お役に立ちそうならよかったです。本は借りていきますか？」と聞くと、「はい。明日グループの

本借りてきたぞー！
よっしゃ！
サンキュー！
発表も大事だけど本当の目的は……
これで呪いに詳しくなれば…
ククク
女子にもてる！
呪いなんてこわーい
ボクにまかせて！
知的なとこみせるぞ！！
オー！！
キメ キメ
知ってる？ここって…
えなに？
あ！
みてみて限定のお菓子だって！
ウッソ超食べたーい！
名物
くるっ
どれもおいしそー！
天皇が……
えらべなーい！
できたて超おいしいー！
おいしいもの食べれたら呪われたっていいよねー！
本…ありがとうございました…
泣くほど怖い体験でもしたのか⁉
くすん
わっ

友だちと一緒に発表の準備をするので『道教と日本の宮都』と『歴史誕生』を借りていきます」と答えた。

「では、他の本は書架に戻しておきますから、席に置いたままでいいですよ。修学旅行は楽しんできてね」

「はい」

中学生は荷物をまとめて閲覧席を立ち、貸出手続きをして帰っていった。


【主な使用資料】

1『日本大百科全書 6：2版』小学館 1994年
2『日本歴史大事典 1』小学館 2000年
3『国史大辞典 3』吉川弘文館 1983年
4『日本説話伝説大事典』志村有弘ほか著 勉誠出版 2000年
5『歴代天皇・年号事典』米田雄介編 吉川弘文館 2003年
6『桓武天皇』村尾次郎著 吉川弘文館（人物叢書 新装版）1987年
7『桓武天皇 当年の費えといえども後世の頼り』井上満郎著 ミネルヴァ書房 2006年
8『道教と日本の宮都 桓武天皇と遷都をめぐる謎』高橋徹著 人文書院 1991年
9『歴史誕生15』NHK歴史誕生取材班編 角川書店 1992年

【調査のツボ】「レベルにあわせて」

人物からの調査であれば、桓武天皇だけでなく、呪ったとされる早良親王や、呪われたと信じた当時の権力者たちからも調べていけそうですが、中学生にはかえって難しくなるかもしれませんね。図書館員は質問を受けた時、どんなレベルの資料を提供するのがいいのかなと考えます。横道さんの調査にも、そうした配慮が感じられます。今回は、ダイレクトに呪いを取りあげていてビジュアル的にも読みやすい『歴史誕生』などが役に立ちました。中学生といっても千差万別です。もっとやさしいほうがよければ学習マンガ、少し難しくてもよければ日本の通史の平安初期の巻、といった具合になります。図書館では年齢を目安に、児童コーナー、ティーンズコーナーなどを設けていることも多いのですが、基本的に誰でも利用できるので、わかりやすさに応じて使い分けるとよいでしょう。

ウォーラーの紅茶の詩とは

石尾 里子

私の一番の自慢は、嫌いな食べ物が全くないこと。イナゴだろうが山羊のチーズだろうがおいしくいただく。香菜だってレバーだって大好物。ところがたった一つ泣き所がある。アルコールに弱いのだ。味は決して嫌いじゃないけれど、体質的にどうも受け付けない。というわけで、木崎さんのように「いきつけの飲み屋」はないけれど、私にも「いきつけの店」がある。週2日は通うその店は、あかねや紅茶店といって図書館から駅に向かう途中にある。開店して3年になるが、おいしい紅茶とスコーンが売り物で、アッサムで濃く入れたミルクティーとクロテッドクリームをたっぷり乗せた焼き立てスコーンの誘惑に、ついふらっと、立ち寄ってしまう。

ある日、あかねや紅茶店のオーナー、Aさんが図書館にやってきた。実はAさん、図書館を使いこなしている強者《つわもの》で、お店を開業するときは起業の本を参考にし、新規メニューの開拓には料理本を、内装のヒントにはインテリア雑誌をと、図書館から得た情報をお店の経営に生かしている。最近は、紅茶の歴史や文化に興味が広がっているようで、熱心に調べる姿を見かけていたが、今日はレファレンスカウンターに質問があるようだ。

「実は、うちの店で、紅茶を味わいながら紅茶に関する知識を深めていただけるサロンのような会を始めようと思っているの。もちろん紅茶の淹《い》れ方やスコーンの焼き方のような実用的なのもいいのだけれど、紅茶の文化や歴史も取り入れたくてね」

図書館の［383］（衣食住の習俗）の書架に並んでいる、紅茶の歴史や文化の本を読んで知識を深めたAさんは、今、借りているという『英国紅茶の話』[1]をバッグから取り出し、付箋《ふせん》のついているページを開いた。

「ここに、イギリス文学史上最初の紅茶に関する詩、としてエドマンド・ウォーラーの詩（訳詩）が載っているのだけど、ウォーラーについてもう少し詳しく調べたいのと、原詩（英語）が出ている本はないかしら？」

その詩は、「王妃よりすすめられて、紅茶をうたう」というもので、次のようなものだった。

ヴィナスが身にまとう天人花《マートル》　アポロが冠る月桂樹、
だがそのいずれにも勝《まさ》る茶を　陛下はかしこくも礼讃なされた。
王妃《クイーン》の中の王妃も　この香ばしい木の葉も、
陽がのぼる　あの美わしき国に
道を拓いた　かの勇敢なる国民に負うている。
されば、その豊かな飲み物を　賞《め》でるこそふさわしい。

詩神《ミューズ》の友なる紅茶は　われらの想像を助け、
よからぬ妄想を　鎮《しず》めてくれる。
王妃《クイーン》の誕生日をことほぐに適わしく、
われらの心を　静穏にたもつ。
（『英国紅茶の話』より引用）

この詩は、チャールズ二世の王妃としてポルトガル王室から嫁いだ、キャサリン王妃の誕生日に書かれた詩で、キャサリンはイギリス王室で初めて紅茶を飲んだという。

すでにAさんは、あかね市立図書館にウォーラーの著作がないか検索してみたが、見つからなかったようだ。それならば、まず、文学事典だ。比較的新しく、詳しい文学事典の『集英社世界文学大事典1』[2]で探してみると、ウォラーとして記述があった。ここで、フルネーム、原綴《げんてつ》、生没年、代表作など、これからの検索のための材料を書き出しておく。

エドマンド・ウォラー、Edmund Waller　一六〇六〜八七年。詩集としては『詩集』『宗教詩集』『ウ

ォラー氏の詩集第二部』の出版が記載されている。残念ながら、日本で出版されている作品についての情報や紅茶についての記載はなし。

ここまでメモしたところで、Aさんには『集英社世界文学大事典1』を読んでいていただき、自分は次の検索に進むことにする。

ウォーラーの著作や研究書があかね市立図書館で所蔵していないことを確認したあと、県内の図書館の横断検索で調べてみる。横断検索とは、県内の図書館の蔵書を一括で検索できる仕組みで、図書館間なら予約して取り寄せることもできる。日本語の著作はここでも見つからなかったが、英語の図書が一冊ヒットした。県内の大規模な市立図書館の所蔵で[3]『SELECTED POEMS OF ABRAHAM COWLEY, EDMUND WALLER AND JOHN OLDHAM』という詩集だ。Edmund Waller を含む3詩人を合わせた詩集のようだが、さっそく、取り寄せることにする。

インターネット検索ではどうだろう。〈Google〉で「Edmund Waller tea」と入力し、検索したところ、あるある、さすがに英語圏では著名な人なのだろう、たくさんのサイトがヒットした。その中からくだんの詩が出ていそうなサイトに目を凝らす。すると、ありました、「Venus her mytle」で始まる詩が。タイトルは「On Tea」。ところが、別のサイトでは同じ詩に「Of Tea, Commended by Her Majesty」というタイトルがついている。どちらも複数発見できるので単純な間違いではなさそうだ。

さて、どうするか、ネット情報で確かめられないなら書籍ではどうだ、ということで、〈Google〉

のブック検索をかけてみる。これはすべてではないが、書籍の内容が検索できる優れもので、所蔵していない図書の内容を調べるのにもってこいなのだ。ブック検索では、「On Tea」は見つからず、確認できた限りでは「Of Tea」だった。ということは、信憑性が高いのは「Of Tea, Commended by Her Majesty」といえそうだ。

　Aさんにここまでの調査結果を説明し、ネット検索でヒットした原詩を提示したところで本日は終了。後は取り寄せた英語の詩集が届くのを待つわけだが、まだウォーラー自身について調査の余地がありそうだ。紅茶の歴史や文化の資料はAさんがすでに調査済みのようなので、英文学の棚をあたることにする。ウォーラー個人を研究した本はなくても、英詩や英文学を広く取りあげた本の中で、ウォーラーにも触れていることがあるかもしれない。

「これもだめ、こっちもない」書架から本を抜いては戻していると、「石尾さん、レファレンスですか？」と本宮さんが声をかけてきた。さすが整理整頓の鬼、業務の合い間に書架整理に勤《いそ》しんでいたらしい。ちょうどよかった、と一緒に探してもらうことにする。ふたりがかりで、「ウォーラー、ウォーラー」と唱えながら探していると、『英国文学史　古典主義時代』[4]という本を手にした本宮さんの動きが止まった。「石尾さん、ここ、人名索引に名前がありますよ」本宮さん、お手柄。

『英国文学史　古典主義時代』には、才気煥発な社交人で当意即妙だが、利己的で豹変を繰り返した、というウォーラーの様子が書かれている。詩人であると同時に国会議員でもあったウォーラーは、反議会工作にかかわって逮捕されるが、卑劣な告白をしたおかげで処刑を免れ国外追放される。クロムウェルに許され帰国するとクロムウェルを褒《ほ》め、王政復古後、再び国会議員になると、今度はチャールズ二世を褒めた。生前は当代一の抒情詩人とうたわれたが、死後その名声はまたたくまに衰えたという。

ずいぶんな書かれようだが、紅茶をうたったことで、ウォーラーの名が食文化の側面から歴史に残ることになったのだから、運命とは不思議なものだ。

さて、後日、取り寄せていた『SELECTED POEMS OF ABRAHAM COWLEY, EDMUND WALLER AND JOHN OLDHAM』という詩集が届き、Edmund Wallerの「Of Tea, Commended by Her Majesty」が確認できた。

Aさんに連絡したところすぐ来館され、『英国文学史』とともに貸出。

「石尾さん、ありがとう。こうやって調べていると、サロンのテーマはもちろんだけど自分の勉強になるわね。そうそう、今日から新メニュー、イチゴのスコーンを始めたの。ご来店をお待ちしています」

実は昨日も別のスコーンを食べたのだけど、新メニューと聞いてはぜひ試してみなくては。本宮さんを誘ってみようかな。

【主な使用資料】

1 『英国紅茶の話』出口保夫著 東京書籍 1982年

2 『集英社世界文学大事典1』集英社 1996年

3 『SELECTED POEMS OF ABRAHAM COWLEY, EDMUND WALLER AND JOHN OLDHAM』PENGIN BOOKS 1998年

4 『英国文学史 古典主義時代』イポリット・テーヌ著 白水社 1998年

「全体像を考える」

皮肉にも詩人としての名声ではなく食文化で名を残してしまったウォーラー。だとすると図書館で詩人ウォーラーを調べるときは、食文化・紅茶の歴史などの本から手がかりが拾えるかもしれないという可能性が浮かびます。一つの肩書きや事績だけではなく、異なった見方はできないかと考えてみるのも人物調査のポイント。

さて、調査の過程で石尾さんは〈Google〉のブック検索を活用しています。本の全文が検索できるデータベースも少しずつ増えてきています。ただし部分的に書かれたことがすべてではなく、本をまるごと見ないと理解できないこともあるということは、頭の片隅に置いといてください。あくまで1冊という単位を基本に本は作られていますから。

調査カード

質問要旨

（イギリス文学史上 最初の紅茶に関する詩）

「王妃よりすすめられて、紅茶をうたう」という、エドマンド・ウォーラーの英詩（原文）を探している。ウォーラー自身についても調べたい。

訳詩は、『英国紅茶の話』に出ていた（ご本人読了）

（口答（circled）・電話・ＦＡＸ・手紙・メール）

調査記録欄 所要［ 分］

例 探索方針▼調査経緯▼

紅茶の歴史の資料も考えつつ、文学関係を重点的に調査
← ご本人がこちらはだいぶ調査されているので

文学事典でウォーラーの情報を得る ①『集英社世界文学大事典 1』P403
エドマンド・ウォラー、Edmund Waller (1606~87)
国会議員でもあった。紅茶についての記述なし。
19世紀以来評価されることが少ない。

ウォーラーの著作・研究書を検索
あかね市立図書館にはない。→ 県内1冊ヒット → 取り寄せ手配

インターネット検索 〈Google〉で「Edmund Waller tea」と入力
複数のサイトで訳詩に合致する英詩がみつかるが、
タイトルが2種に分かれる。→〈Google〉ブック検索で確認

英文学の書架をブラウジング
索引、もくじをチェックしていく。
→②『英国文学史 古典主義時代』P78~83, 86, 136, 注(222)(225)

回答要旨

英詩は、「Of Tea, Commended by Her Majesty」
とりあえず、インターネット画面をご案内し、後日、取り寄せた
『SELECTED POEMS OF ABRAHAM COWLEY, EDMUND WALLER AND JOHN OLDHAM』をご提供。

ウォーラーについては、①②をご提供。

感想・備考

今回は、これ以上は不要とのことでしたが、もっと調べるなら英文の研究書や論文をあたる必要があります。
そのときは、大学図書館に協力をお願いした方がいいかも。

国内の風力発電のデータが見たい

本宮　美里

事務室の窓から清々《すがすが》しい海風が優しく吹き込んでくる。新緑の季節、外は気持ちよく晴れている。お弁当を食べ終え、マイ湯呑でのんびりお茶を飲んでいると電話が鳴り出した。

「はい、あかね市立図書館です」

「あのー、レファレンスをお願いしたいのですが」

「レファレンス」という言葉を使ってくるとは、もしや図書館通？　電話のレファレンスは直接カウンターで受けるよりも緊張する。この電話で調べものの内容をできるだけ詳しくお客様から聞き取らなくてはならないし、聞き間違えにも注意しなきゃいけない。いろんな注意事項が頭の中をぐるぐる駆けめぐる。

「国内の風力発電の総発電量が知りたいんです。各地方の風力発電所の分布もわかると助かります」

「いつ頃のデータが必要でしょうか？　お急ぎですか？」

「総発電量に関しては二〇〇〇～〇七年までのデータ、発電所の分布は二〇〇七年のものが必要です。明日の夜、図書館にうかがいますのでその時までにお願いできますか」

調べものの内容を復唱して電話を切った。とりあえず急ぎの調査じゃなくてよかった。あとで書架整理がてらブラウジングで風力関係の本を探してみよう。

風力発電はエネルギー関係だから分類だと［5門］（技術・工学）の書架にまとまってある。エネルギーは［501］、風力発電は［543］のあたりの書架。風力関係の本や新エネルギー関係の本をいくつか見てみると風力関係のデータも載っていた。だけどどれも出版年がちょっと古い。調べ学習用の本で何かよさそうなものはないかと、児童コーナーも覗いてみる。それからOPACで蔵書検索。貸出中だったり、内容によっては［5門］以外の書架にもあるかもしれないしね。

書架整理（結局そっちのけで本探し）を終え、見つけた本を抱えて事務室に戻ると、伊予さんが休憩をとっていた。

「レファレンスを受けたのかい？」

「はい、先ほど電話で。風力発電の統計データの調査なんですが、本に載っているデータは少し古く

て。出典をたどってもっと新しいデータを探そうと思っているんですよ」

「図書館で働いているとお客様から統計データの所在を聞かれることがよくあるよね。だから本や新聞を読んでいてグラフや表が出てくると、まずそのデータの出典に目がいってしまう。自殺者の総数は警察庁で、失業率は総務省なんて具合に。図書館員の職業病かも」

「図書館員の職業病といえば、友達の図書館員は新聞を読むときつい最初に目がいってしまうのは、紙面下の本の広告らしいですよ。その広告を見て○月○日頃の○○新聞の広告に出ていた○○の本を読みたい、といってカウンターにくるお客様がいるというので毎朝チェックしているんだそうです」

「わかるなあ、それ。広告を切り抜いて持ってきてくれればいいけど、書名がうろ覚えのお客様もいるしね。あらかじめチェックしておくと役に立つかも」

図書館員の職業病話がひと段落ついたところで調査再開。書架から持ってきた本を開く。

書名にマニュアルと入っている『風力発電マニュアル2005』[1]から見てみる。期待どおり、風力発電所の分布図が出ている。こうして分布図を眺めて見ると全国各地に風力発電所ってこんなにたくさんできているんだと驚かされる。この調子で総発電量もといきたいところだったけど、残念ながら「総発電量」というデータはなくて、代わりに「導入量」というデータが掲載されていた。導入量ってなんだろう？　発電量とは違うのかな。データの出典はいずれもNEDO（独立行政法人 新エネルギー・産業技術総合開発機構）という組織。最近は統計情報をインターネットで公開している団体が増えているから〈NEDOのホームページ〉[2]から最新データが取れるかもしれない。

さっそくＮＥＤＯのホームページにアクセスする。ＮＥＤＯなる組織は、このホームページによると「日本の産業技術とエネルギー・環境技術の研究開発及びその普及を推進する我が国最大規模の中核的な研究開発実施機関」らしい。どうやらこの分野では中心的な役割を担っている様子。「日本における風力発電の状況」のページに「日本における風力発電導入量の推移」という見出しで、「総設備容量」と「設置基数」のグラフが掲載されていた。一九八九〜二〇〇七年までのデータが載っている。分布図も「都道府県別導入事例」のページで見ることができる。いずれも二〇〇八年三月末現在のデータ。毎年三月に調査を行っているらしい。本に載っているものよりは新しいデータが得られた。ＮＥＤＯのホームページ上にも発電量の数値はない。「導入量の推移」という見出しで「総設備容量」と「設置基数」のグラフが出ているのがよくわからないな。導入量は総設備容量と設置基数を指すのかな？　導入量の中でも総設備容量＝総発電量なんだろうか？

他の本も見てみる。『風力発電入門』[3]の中に風力発電所の分布図を見つけたけど、印刷がちょっと見にくい。データは二〇〇四年のもの。この分布図の出典は風力エネルギーネットワーク。こちらも総発電量のデータはなく、日本を含む「世界の風力発電設備容量」というデータが出ていた。こちらは設備容量か。このデータの出典は『Wind Power Monthly』October, 2002。外国の雑誌のようなので、この雑誌の閲覧は断念。英語じゃ見てもわからなそうだしね。インターネットで風力エネルギーネットワークのホームページを探したけど見つからなかった。

気を取り直してもう一冊、『風車のある風景』[4]のページをめくる。日本各地にある風車の素敵な写真がカラーでたくさん載っていて写真集のよう。ページをめくっていくと風力発電所の分布図を発見。出典は風力発電ネットワーク事務局。データは二〇〇二年現在のもの。この本では日本の風力発電出力量（一九九〇～二〇〇〇年）というデータが載っていた。「導入量」「設備容量」ときて今度は「出力量」か。しかも、このデータについては出典情報は定かでない。いったいどこから取ってきた数値なのやら……。風力発電ネットワークのホームページにアクセスすると「風力発電マップ２００５年版」はあったが、インターネット上では見ることができず。２００５年以後のものも出ていないようだ。

それから意外に使えるのが児童書。子どものためにやさしく書かれているから、主題の予備知識が全くないおとなにとってもわかりやすい。児童コーナーから持ってきた本、『新しいエネルギーをつくる』[5]の中に、「日本の風力発電量の推移」という見出しで導入量のグラフが出ていた。ということは、導入量＝発電量でよいのかも。このデータの出典は「資源エネルギー庁」となっている。〈資源エネルギー庁のホームページ〉[6]にアクセスしてみると、電力調査統計で「発電実績」という統計の中に風力発電の発電量が掲載されていた。平成十二年度（二〇〇〇年度）～平成十九年度（二〇〇七年度）のデータまでホームページ上で見ることができた。

あ、そうそう忘れてた。統計情報を調べるなら『日本統計年鑑』[7]と『統計情報インデックス』[8]も使わなきゃね。この２冊は日本の統計を調べるための参考図書の代表格。「風力」「発電」「電力」「エネルギー」などをキーワードに、まずは『日本統計年鑑』を見てみたけど、風力発電単独の統計情報は載っていなかった。風力発電は「新エネルギー」というくくりに入ってしまっているみたい。

次に『統計情報インデックス』を見てみる。この本には統計自体は載っていないけど、どういう統計がどの本に載っているかがわかる。「風力」や「風力発電」というキーワードでは見つからなかったが、「電力」や「エネルギー」といったキーワードで何種類か本があげられていた。だけど、あかね市立図書館にはなさそうなものばかり……。その中でうちにあったのは、『日本の統計』[9]と『日本国勢図会』[10]。『日本の統計』では、風力発電は「自然エネルギー」でまとめられてしまっている様子。『日本国勢図会』の電力の章で、「わが国の総発電量の推移」というところに風力の総発電量を発見！ 二〇〇〇〜〇六年までのデータが出ていた。出典を見ると『電気事業便覧』二〇〇七年版から取ったデータだとわかる。これもうちにはないんだろうなと思ってOPACで蔵書検索してみたら、あった。もっと自分の図書館を信じよう、というか所蔵している資料をもっと知らなければ。勉強不足を反省……。

これでOKかな。風力発電所の分布図は〈NEDOのホームページ〉から新しいのが取れそうだし、総発電量は〈資源エネルギー庁のホームページ〉や『電気事業便覧』[11]のデータがよさそう。他にも参考になりそうな資料が見つかったしね。あとはお客様に調査結果をお伝えすれば任務完了。そういえば、あかね市にも海風を利用した風力発電所がこの間できたばかりだっけ。巨大な風車が回る様子は美しいと評判でちょっとした観光スポットになっている。今度見にいってみようかな。

レファレンスは時に私の世界を広げてくれる。

【主な使用資料】

1『風力発電マニュアル2005』日本自然エネルギー編著 エネルギーフォーラム 2005年
2〈NEDOのホームページ〉http://www.nedo.go.jp/
3『風力発電入門』清水幸丸著 パワー社 2005年
4『風車のある風景』野村卓史著 出窓社 2002年
5『新しいエネルギーをつくる（地球環境を守る人々1）』西岡秀三監修 学習研究社 2004年
6〈資源エネルギー庁のホームページ〉http://www.enecho.meti.go.jp/
7『日本統計年鑑：2009年版』統計研修所編 総務省統計局 2008年
8『統計情報インデックス：2008年版』総務庁統計局編 日本統計協会 2008年
9『日本の統計：2009年版』総務省統計研修所編 日本統計協会 2009年
10『日本国勢図会：2008／09年版』矢野恒太記念会 2008年
11『電気事業便覧：2008年版』電気事業連合会統計委員会編 日本電気協会 2008年

「情報源を知る」

最近、クローズアップされている風力発電の統計。インターネットはもちろん、新聞・雑誌、環境関係の資料など、探せばたくさん見つかるでしょう。しかし、ただ単に統計情報を提示するだけでなく、いつの時点でのデータか、どの機関が作成したのかは押さえたいところ。数値の変動も頻繁にありそうです。本宮さんは導入量・設備容量・出力量の用語の違いなどに留意しつつ、本に載っていた出典をもとにホームページでより新しい情報を確認するなど、多岐にわたって情報を探しました。公園の片隅で回っている小型の風力発電機なんかは統計の対象外かもしれませんが、質問者はそうした数値を含めて知りたいというケースもあるでしょう。そもそもどんな統計なのかって大事なことなんですよ。

落ちていた正誤表

伊予 高史

「伊予さん、こんなものが落ちていましたけど」と、本宮さんから渡されたのは小さな紙切れ。よく見ると1枚の正誤表。本に糊付《のりづ》けしていたのが剥《は》がれたのだろう。どの本の正誤表かはわからない。

「捨てとこうよ」と紙をゴミ箱に入れかけたが、一応、公共物であるし、どうも後輩の本宮さんの前ではやりにくい気分。

「本宮さん、この本、特定できるかな」

「私も少し考えたんですけど」

「そういえば、本宮さん、この間も抜け落ちたページを拾ってきたよね」

「別に、うつむきながら仕事しているわけではないのですが」

「抜け落ちたページの時は、ページに記載されている内容と紙の大きさを手がかりに、書架の本をめくっていったら、わりと簡単に該当する本が見つかったんだけど。今度は正誤表か……」

1枚の正誤表を間に2人で「うーむ」と悩む。

「本宮さん、書店さんがきているよ」と事務室から声がかかり、担当の本宮さんは納品のチェックをするためいなくなってしまった。
改めて、その正誤表をながめる。

正誤表

ページ	行	誤	正
2	5	役影される	投影される
118	5	何でも好き	何でもお好き
118	9	言って	言っていられ
124	3	ノーレエーツ	ローレエーツ
125	8	チャルマース大学	チャルマース工科大学
125	8〜9	ゴーテンバーグ工科大学	ゴーテンバーグ大学
129	3	父	お父さん
158	11	チャルマース大学	チャルマース工科大学
166	12	十八年	十六年
167	11	鎖（枝）	鎖に枝
170	3	エンカレッジ	エンカレッジメント
172	15	アラブのように	もしも日本に
172	16	があって	があれば
172	16	はあと昼寝して	いても楽に暮らせ
177	12〜13	化学会議の	化学連合の

正誤表のページは177ページで終わっている。全部で200ページくらいの本かな。ごく普通の本だ。いやいや本とは限らないか、雑誌かもしれないし。やはり内容から考えるしかないか。

正誤表の「誤」の項目はひとまずおいておき「正」の項目に目を通す。

「ローレエーツ」って何だろう。あまり深く考えずにインターネットで検索してみると、「ローレエーツに該当する情報は見つかりませんでした」と表示された。「正」の項目なのに正しい言葉なのかな。無名のフィクション作品に出てくる魔法の呪文とかではないだろうな。

「チャルマース工科大学」も検索してみよう。こちらは200件くらいヒットした。スウェーデンに実在する大学のようだ。けっこう真面目な本かもしれない。

では「ゴーテンバーグ大学」はどうかなと検索してみると、「ゴーテンバーグ大学に該当する情報は見つかりませんでした」と表示された。実在する大学と実在しない大学が混ざっているのだろうか。

ものは試しに「ゴーテンバーグ」と検索すると、「ゴーテンバーグ（イエデボリ）」と注記された検索結果が目にとまる。イエデボリって、たしか北欧の都市ではなかったっけ。今度は「イエデボリ」と検索してみたところ、検索結果に「ヨーテボリ」という言葉が並びスウェーデンの都市名であることがわかった。どうやら片仮名に表記するとき、ヨーテボリとするのが一般的であるが、イエデボリとも表記するらしい。綴りだと「Goteborg」か、たしかに英語読みすればゴーテンバーグと発音できなくもないか。

念のため「ヨーテボリ大学」で検索する。ヨーロッパでも有名な名門大学のようだ。

さらに、手がかりを正誤表に求めていくと「エンカレッジメント」が気になった。エンカレッジメント（encouragement）を辞書で調べてみると、激励するとか奨励するといった意味があるそうだ。そして正誤表の最後には「化学連合」か。

途中の「鎖に枝」という表現は何だろう。あてずっぽうに「鎖に枝」と検索したところ、化学関係のサイトが検索結果に並んだ。木の枝に鎖をじゃらりとかけるといった場面を想像していたが大違い、化学の化合物とかの鎖と枝だったのか。はあ、なるほど。

以上、正誤表の項目から、いくつかの情報を手に入れることができた。これまでに判明していることを整理してみよう。

本でなく雑誌の可能性はあるものの、一応、本として考えると200ページ前後の本と思われる。そして、120ページから150ページくらいにかけて、スウェーデンにある大学が出てくる。さらに、後半部分では「鎖に枝」とか「化学連合」など、化学に関することが書かれている。

北欧の化学に関する本かな。チャルマース工科大学やゴーテンバーグ大学って化学系で有名なのだろうか。個人的には北欧と化学のイメージがあまり結びつかないけれど。科学技術全般の本かもしれない。たまたま第何章かで、化学が取りあげられている可能性もなくはない。正誤表の「誤」のほうだけど「アラブのように」という言葉もあるから、世界の科学政策の本とか科学教育に関する本かもしれない。

あとは実際に書架にあたるしかないかと、今、予想したような本を書架で探し、手にとってはめくっていく。けれど、そんな都合のいい本はあまり所蔵していない。これはいよいよお手上げかな、正誤表1枚でここまでねばれば、仮にわからなかったとしても仕方がないか……。

と思っていると事務室のほうから本宮さんが歩いてきた。

「伊予さん、さっきの正誤表、わかりましたか」と聞かれたので、なんとなく手がかりはつかめたけれど、該当する本が見つからない、という経緯を話した。本宮さんは、今一度、しげしげと正誤表に目をやり、

「やっぱり難しいですよね。伊予さんは大学や化学のところに着目していたけれど、私が最も気になったのは「お父さん」って言葉だったんです。誰かの伝記かな、とか。おかしな考えかもしれませんけど」

その時、何かがピンときた。ちょうで『名探偵コナン』で、ありえないぐらい都合よく、通りすがりの通行人の会話がヒントになって、事件を解決に結びつけてしまうように。

……伝記、人物伝か。化学者かな。スウェーデンの大学の関係者、あっ、スウェーデンといえば。頭の中にひらめいたキーワードは「ノーベル賞」。

たしかノーベル賞ってスウェーデン主催だったような。ノーベル賞と関係ある人物の本かもしれないぞ。ノーベル化学賞かな。日本人だろうか。ノーベル化学賞をとった日本人は何人かいたと思うけど。

調べてみると現時点では、福井謙一（一九八一年）、白川英樹（二〇〇〇年）、野依良治（二〇〇一

年）、田中耕一（二〇〇二年）、下村脩（二〇〇八年）が受賞している。

もしかしたら、この5名の誰かが関係する本の正誤表なのかもしれない。

実は正誤表には隠れた手がかりがもう一つあった。最初の項目で「役影される」を「投影される」に訂正してある。ワープロで版組をするようになってからの間違え方ではないように思える。だとすると、古いものからあたっていったほうが効率よさそうだ。この中だと時代的には福井謙一氏か。

キーワードを「福井謙一」で蔵書検索すると本が何件か表示された。共著のものなども含め数冊の本を書庫から持ってきて、正誤表と照らし合わせてめくっていくと……、

「あった！」
[1]『科学と人間を語る』という、福井謙一氏とノーベル物理学賞を受賞した江崎玲於奈氏との共著の本が正誤表の事項とばっちり整合する。
本宮さんも「へえ」という表情でのぞきこんでくる。

125ページのチャルマース工科大学やゴーテンバーグ大学は、第3章「ノーベル賞と私　福井謙一氏に聞く」の中の「受賞の旅でのこと」という項目で、両大学連合の講演会を述べたものであった。

また、これまでわからなかった「ローレエーツ」（誤：ノーレエーツ）という言葉も本文では「ノーベル・ローレエーツ、レディーズ・アンド・ジェントルメン」という一文になっており、そこから「laureate」という単語であると判断できた。意味は「受賞する」で、今日的には「ロリエット」「ロ

ーリエイト」などと片仮名表記されることが多いようだ。外国語の片仮名表記は時代によってけっこう変わったりするから、調べものをするうえで注意をしないといけないなと思う。

「正誤表、捨てなくてよかったですね」と感心する本宮さん。

「本当に」と糊で本の見返し紙に張りつけておく。「この糊もいずれ劣化して剥がれ落ちてしまうのかもしれないけれど、30年くらいは大丈夫かな。もし剥がれ落ちたら、その時の誰かが正誤表からこの本を探し出すことができるだろうか」

「ちょっと、待ってください」と本宮さんは正誤表の裏に小さく鉛筆で『科学と人間を語る』と書き添えた。

「これで大丈夫です」

「まあ、ね」

【主な使用資料】

1『科学と人間を語る』福井謙一・江崎玲於奈著 共同通信社 1982年
※第1刷に付いていた正誤表を参照した。通常、第2刷以降は訂正した上で刊行される。

「手がかりを追う」

直接のレファレンスというわけではないにせよ、調べもの考え方が発揮されているように思えます。「どの本に出ているか」とイメージしていくのが図書館での調べものの基本。この正誤表探しの場合、外国語の片仮名表記が時代によって変わっていくことがポイントでした。伊予さんが英語に堪能なら、ローレエーツあたりで、もっと簡単にひらめいていたかもしれません。今回の正誤表探しを応用して、例えば図書室を使った学校の授業などで本の一部分を示し「このページはどんな本だ」「この図版はどの本に出ているか」などと課題にしてみるのも、本をイメージしていくトレーニングになりそうです。

「ある日のあかね市立図書館①」蔵書点検

あかね図書館では、毎年六月末に蔵書点検があります。

蔵書点検は曝書《ばくしょ》とか特別整理期間などと呼ばれることもありますが、書店さんでいうところの棚卸しのようなものです。

「曝書」という名のとおり、かつて和書の時代には虫がつかないように本を日光に曝《さら》して干していたといわれています。

現在ではそのようなことはしていませんが、一定の期間休館し、棚に残っている本を1冊1冊コンピューター端末機でチェックして、本があるかないか、所在の確認をします。長期間不明になっている本は除籍します。それから棚を分類や著者名の五十音順に並べて整頓したり、普段できない研修をしたりします。たくさんの本を運んで並べ替えたり、掃除をしたり、想像以上の重労働なので、くたくたになってしまいますが、図書館や職員にとっては本をきちんと確認する大事な業務なのです。

川波「ふー、じゃあひと休みしよう。おーい、みんな、お茶だぞう」

石尾「あかねや紅茶店の新作、アールグレイのクッキーもあるわよ」

全員「いただきまーす！」

川波「今日は随分はかどったね。計画どおり順調に終わりそうだ」

秋本「蔵書点検は5年ぶりです。やっぱり疲れますね」

本宮「棚から本を引き出して、端末でスキャンして、また戻して……ふー。図書館がこんなに肉体労働が多い職場だなんて、外からは想像もつかないでしょうね」

秋本「本庁では、図書館に異動すれば本は読めるし休みは多いしと、うらやましい仕事だと思われているみたいでした」

富士「そうですか～、市民の皆様だけでなく、市役所の職員にも図書館の仕事をもっとPRしていかないといけませんね」

木崎「他都市では図書にICタグを貼って蔵書管理をする図書館も近年増えていますね。そうなれば1冊ずつチェックしなくていいから、すごくスピードアップするけど」
横道「ウチではまだ当分先の話でしょうけど」
川波「自分が新人だったころは、蔵書点検のときは2人1組になっては目録カードを1枚ずつ読み上げては現物を見つけて照合していたからなあ。コンピューター管理になってからはグンと便利になったんだ。文句はいえないさ」
富士「でもこうやって1冊1冊手にとってチェックしていくと、こんな本があったのかって新しい発見がありますね」
石尾「毎日のように棚を整理しているのにね。それに間違った棚に戻されている本も随分見つかったわね」
本宮「そうなんですよぉ。5と6とか、数字が似ている背ラベルとかが特に危ないんです」
伊予「でも本当に綺麗になったなあ。整理整頓が苦手なボクがいうのもナンだけど」
本宮「ぴしーっと整然と並んで、快感。あー、ずっとこのままならいいのに～」
石尾「残念だけど、まあ1週間で元どおりかしらね。本を貸して、戻して、並べて、また貸して……そんな地味な作業の繰り返しが公共図書館の仕事よ」

川波「せっかく久しぶりに顔を合わせたから報告会でもしようか。何か印象的な話はあるかな」
本宮「この前、標野岬にできた、あかね市初の風力発電の風車を見てきました。評判どおり素敵な風車でした」
富士「私も風力発電を見てきました。近くで見ると凄く大きいわね」
秋本「風といえば、伊予さんの受けたレファレンスに出てきたエオリアンハープ、インターネットで音色を聴けるサイトがあったけど、ハープというより不思議な電子音楽みたいな感じだったわ」
木崎「エオリアってギリシア神話の風の神様に由来していたのは知らなかったわ。てっきりエアコンの製品名かと」
横道「徳永英明がCMソングを歌っていましたね」
川波「まあ、それはともかく、1人が受けたレファレンス事例をまとめておけば、こうやってノウハウを他の職員と共有できるわけだ。メールレファレンスを始めてからレファレンスの受付件数もすごく増えてきたし、効率的かつ迅速にお答えしていくようにしないといけないな。特に、ウチはローテーション勤務だから、1人で調査を最後までやり遂げることは難しいし、みんなの知恵を借りてチームプレーで解決することが大事だな。要はサッカーと同じだ。まず本宮さんがパスを受けて、石尾さんが作ったスペースに横道さんが走りこんで、そこにスルーパスをだな……」

石尾「さあ、休憩時間は終わりよ。また頑張りましょう」

全員「はーい！」

（全員立ち上がる）

夏から秋　きらめきの章

――「想い出を ページにたどり 蝉の声」

社是や社訓の調べ方

秋本 尚美

返却本を書架に戻しにいくと、学生さんに声をかけられた。

「あの……すみません。会社のスローガンみたいなものを集めた本ってありますか？」

「会社のスローガンですか？」

「ハイ。ちょっと前のテレビ番組で、いろいろな企業のスローガンを紹介していたんです。テレビでは「わが社のお言葉」といってましたけど。活気のある企業には、たいていスローガンみたいなのがあって、社員のモチベーションを上げているらしいです。就活にも役立ちそうだし、面白そうだから見てみたいんです」

私が会社のスローガンといわれて思い浮かぶのは、「Drive your dream」とか「ココロも満タンに」とか、「牛乳に相談だ」なんてのもあったわよねぇ。でも元祖はやっぱり某牛丼チェーン店の「うまい、やすい、はやい」でしょ。こういったものを集めた本なら楽しそうだけど、社員のモチベーションを上げるとか、わが社のお言葉とはちょっと違うみたい。ちゃんと聞いてみなくちゃ。

「具体的には、どんなスローガンが紹介されていたんですか？」

「僕がへえと思ったのは、ヤマト運輸の「安全第一・営業第二」。ヤマト運輸も配達するとき、ライバル会社のように走っているイメージがあって、利益優先だと思っていたから、ちょっと意外だったんです。鹿島建設の「本を読む時間を持て」っていうのもびっくりでした。でもこういうのはいいなと思って。このスローガンで会社のカラーがわかる気がするし」

ヤマト運輸さん、知りませんでした貴社のスローガン。やりますねぇ。学生さんのご希望はいわゆる社是《しゃぜ》・社訓《しゃくん》のことみたいね。

「会社の経営上の方針・主張のことを「社是」というんですけど、たぶん、ご覧になりたい本は、社是・社訓を集めたものだと思います。さっそく調べてみましょう」

「よろしくお願いします」

「社是」と「社訓」をキーワードにＯＰＡＣを蔵書検索してみると、３冊ヒットした。[1]『会社のバックボーン―伸びる会社の社是・社訓研究レポート―』[2]『社是社訓』[3]『できる会社の社是・社訓』。３冊とも貸出可能な図書だった。『できる会社の社是・社訓』は新しいけど、あとは少し古いなぁ。

「ちょっと待ってくださいね。提携先の大学図書館の蔵書も検索してみましょう。他にも本があるかもしれないから」

提携大学の図書館のＯＰＡＣを検索すると、何冊かヒットするが、最近の本はない。『ミッション・経営理念―有力企業９８３社の企業理念・行動指針：第４版』（生産性出版）が二〇〇四年で少し新しいけれど、残念ながら貸出中。一応「スローガン」でも検索してみると『燃えてる会社のやる気スローガン実例集 22社のすごい「言葉」と部門別モデル・スローガン』（中経出版）がヒットするが、でもこれは微妙な感じ。

あとは何を探すのがいいかしら。そうだ、私も〈GeNii《ジーニイ》〉[4]使ってみようかな。〈GeNii〉は、国立情報学研究所（ＮＩＩ）の運営で、全国の大学図書館の蔵書が探せる〈Webcat Plus〉と、論文情報データベースの〈CiNii《サイニィ》〉などが一緒に検索できるものらしい。同じキーワードで図書も論文も一度に探せて、かつ論文の中には、全文を掲載しているものもあるそうな。全文が見られるものはまだ少ないらしいけど、うまくヒットすればラッキー。石尾さんがけっこう使えるっていっていたもの、５年前にはなかったけどね。

検索してみると、複数の論文と本がヒットした。その中で「企業別一覧 経営理念—社是・社訓—行動指針、求める人材像 21世紀型人材のイメージと能力要件」（『企業と人材』３５巻７８８号 二〇〇二年）という論文を発見するも、全文掲載はなし。本の新しいところでは『クレドが「考えて動く」社員を育てる！』（日本実業出版社 二〇〇八年）がヒット。「クレド」って何？〈Google〉で検索すると、クレドはラテン語で「志」や「信条」を意味し、「企業理念・行動指針」を表す言葉らしい。〈Webcat Plus〉でヒットした比較的新しい本は、目次情報を見ることができるので確認すると、いくつかの優良永続企業のクレドについて書かれている本だとわかる。書名にキーワード（社是・社訓）がなくてもちゃんと検索してくれるのね。いいんじゃない〈GeNii〉。やっぱり5年分は進化してる。でも、残念ながらこの本もうちでは所蔵してない。

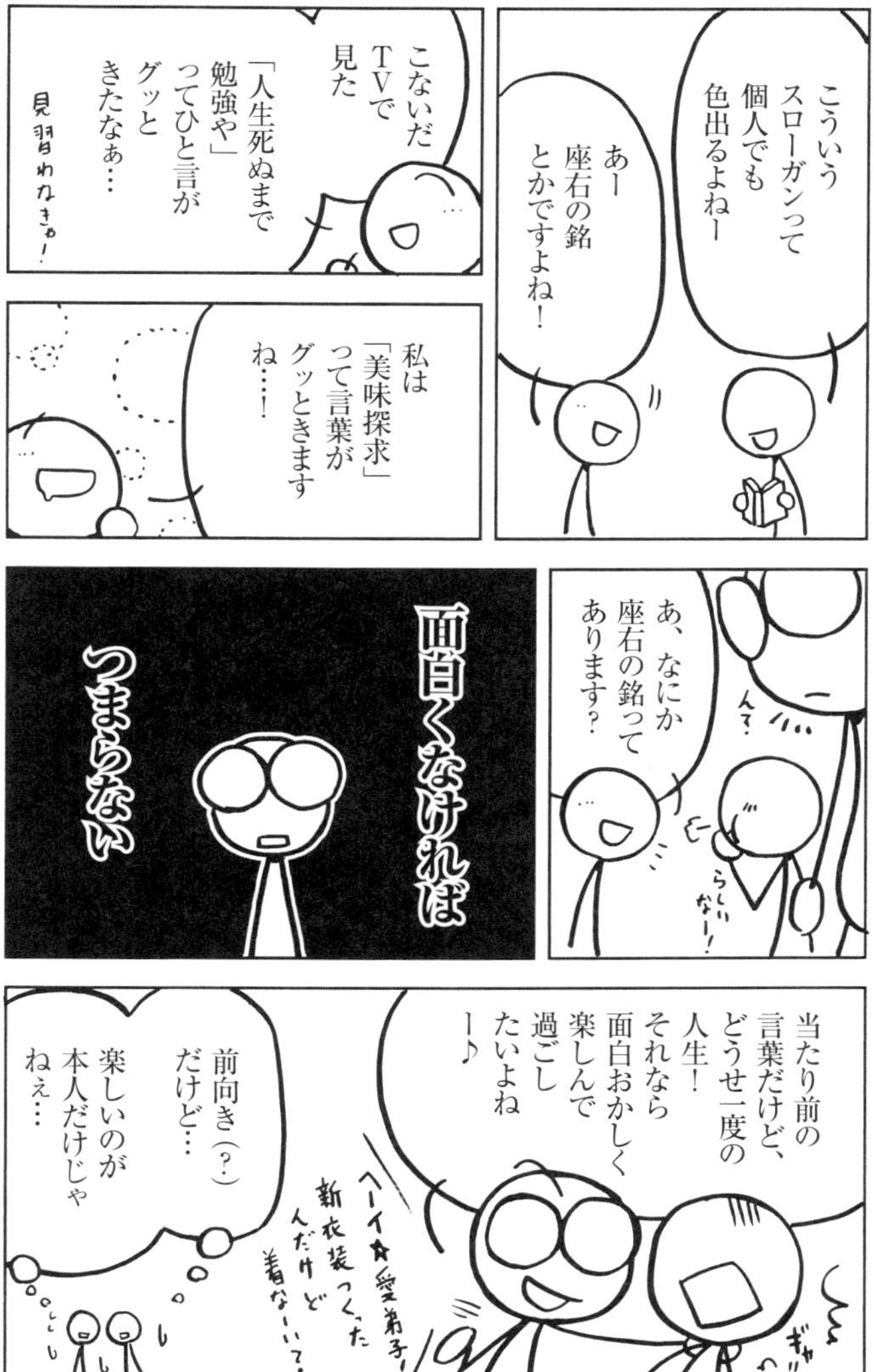
こういうスローガンって個人でも色出るよねー
あー座右の銘とかですよね！

こないだTVで見た「人生死ぬまで勉強や」ってひと言がグッときたなぁ…

見習わなきゃ！

私は「美味探求」って言葉がグッときますね…！

あ、なにか座右の銘ってあります？

ん？

らしいなー！

面白くなければつまらない
当たり前の言葉だけど、どうせ一度の人生！それなら面白おかしく楽しんで過ごしたいよねー♪

ヘーイ☆愛弟子！新衣装つくったんだけど着なーいっ？

ぎゃ!!

前向き(?)だけど…楽しいのが本人だけじゃねぇ…

紹介できる最近の本が少ないので、「クレド」という新しいキーワードでも再度〈GeNii〉の検索を試みると、『伝説のホテルマンが語る「一流の仕事」ができる50の言葉』（イースト・プレス）や『ヤンセンファーマ　驚異のビジョン経営』（東洋経済新報社）、『リッツ・カールトンが大切にするサービスを超える瞬間』（かんき出版）など、個々の企業の本がヒットするが、こちらも所蔵なし。

でも、これは就職活動の次の段階の資料かな。

「ごめんなさい。やはりこの3冊以外、すぐに利用できる本はないみたいです」

「それじゃあ、その3冊を見てみます」

「はい、ではご案内します」

検索した3冊は、いずれも会社経営［336］の棚にまとまっているので、すぐに見つかった。そのうちの1冊『できる会社の社是・社訓』をパラパラめくって、学生さんはいった。

「へえ、「スピード‼　スピード‼　スピード‼」（楽天）とか「すぐやる、必ずやる、出来るまでやる」（日本電産）とか、社是・社訓ってかなりストレートですね。この「決断なき上司は無能と思え。社長へ直訴せよ」（日清食品）はテレビでも紹介していました」

「こちらの『会社のバックボーン―伸びる会社の社是・社訓研究レポート―』は、経営理念、行動指針、社歌、モラルアップ（モラルアップのための制度やイベント）と研究レポートが会社ごとに一覧できます。ただ、一九八八年の出版でちょっと情報が古いので、制度等は現在でも同じかどうか注意が必要ですが」

「この本も面白そうですね。へえ、社歌がある会社ってけっこうあるんだ。すかいらーくの社歌は〝はばたけひばり〟（小林亜星作曲）かぁ。そういえば、僕が小学生の頃、うちの親父が「すかいらーくの社長は、美空ひばりファンだったので、〝ひばりskylark〟を社名にした」とかいっていたんですよ。でも、このレポートには、1号店の出店が「ひばりヶ丘」とあるから、こっちが社名の由来としては正解みたいですね。親父に教えておかなくちゃ」

　この3冊以外、紹介できる本を所蔵してないのかな。ちゃんと探せばまだありそうな気もする。石尾さんに聞いてみよう。

「石尾さん、学生さんが会社のスローガンを集めた本を探しているんです。社是は見てもらったんですけど、ほかに紹介できる資料ないですか？」

「秋本さん、［6門］も見た？　［67］の商業のところにも同じようなタイプの資料があると思うわ」

　さすが、レファレンス担当石尾さん、なんでもよくご存知。学生さんにはちょっと待ってもらって［67］の棚にいってみると、ありましたそれらしい本。

『江戸商家の家訓に学ぶ商いの原点』には、江戸時代から現在も続く老舗の「家訓」がたくさん載っている。「アイディアは顧客満足のために使え―「越後屋」三井家の訓《おし》え」「ビジネスの中に倫理を持て―住友家の訓え」等々。まさに現代でいうところの社訓。江戸時代から脈々と続いているものなのね。隣の棚には、『江戸大商人が守り抜いた商いの原点』（青春出版社）という本もある。商家に特化しているけど、こっちも使えそう。「家訓」というキーワードもあったのだ。

学生さんは、最初に紹介した社是の本3冊と、『江戸商家の家訓に学ぶ商いの原点』を借りることにしたようだ。うちに所蔵のなかった論文や本は、大学の図書館で調べてみるという。

「また、何かわからないことがあったらお調べしますので、いつでもいらしてください。新しい社是の本も入れておきますから」

「ハイ。ありがとうございます」

忘れないうちに、社是とクレドの本を入れてもらうように川波係長に頼んでおこうっと。私もリッツ・カールトンのコンシェルジュのようなきめ細かいサービスを目指して頑張るわ。それと、図書館にもスローガンが必要ね。「街のオアシス」は平凡すぎるし「コツコツ地道にレファレンス」は地味よね。「みんなのおつぼねちゃん」はちょっと微妙。スローガン考えるのって案外難しいものねぇ。

「また、何をぶつぶついっているんだね、秋本君」

「あっ！　川波係長、ちょうどよいところに。購入して欲しい本があるんですけど、次の選書会議はいつですか」

「今度は何頼むの？　最初は歌舞伎と文楽で、その後は確か、風水の本だったよな。まてよ、ピラティスとかいう体操の本だったかな？　妙に君の趣味と一致している気がするんだが……」

「いえいえ係長、偶然の一致です。お客様のご希望が第一ですし、最近古典芸能けっこう人気なんですよ。それに今回の調査も、提供できる本が少なくて困ったんです。就職活動関連の本は、今後の利用も多いと思います」

う〜ん。さすが係長、鋭い洞察力？ってバレバレね。この前受けたレファレンス、好きな分野だったから、つい力が入っちゃったのよね。でもよい本が見つかった時に購入しておけば、きっと次の調査にも役立つはず。

【主な使用資料】

1『会社のバックボーン―伸びる会社の社是・社訓研究レポート―』プレジデント社 1988年
2『社是社訓』日本生産性本部出版部 1986年
3『できる会社の社是・社訓』千野信浩著 新潮社（新潮新書） 2007年
4〈GeNii学術コンテンツ・ポータル〉http://ge.nii.ac.jp/genii/jsp/index.jsp
5『江戸商家の家訓に学ぶ商いの原点』荒田弘司著 すばる舎 2006年

「個別にも調べられる」

社是や社訓を通覧できる資料は限られていたようですね。この先、質問者の関心が特定の企業や業界に絞れたら、個別に調べていくこともできます。例えば、その企業の社史があれば刊行時点までの社是や社訓が出ている可能性も高いでしょう。企業や業界を取りあげている本や雑誌文献、創業者や関係者の著述や伝記なども調べてみる候補になると思います。もちろん企業の公式ホームページに記載がないか確かめたり、直接企業に問い合わせてみたりすることも有効です。社是や社訓といったあらたまったものはなくても、会社の方針・理念などがわかるかもしれません。ただし、自社に都合の悪い情報はあまり公にされないことも要注意。

鎌倉時代の日本人の平均身長は

本宮 美里

事務室にこもって、要修理ＢＯＸの中に入っている本をアルバイトの佐竹アカネさんと一緒に修理している。しばらくやらないうちにＢＯＸは山盛りになっていた。修理が必要な本は日々、要修理ＢＯＸにどんどん運ばれてくる。要修理本で一番多いのが、ページが一部分取れている本である。１ページ取れていると他のページも後から後から取れてしまう場合がある。こういう本を直す時には、一度全部ページをバラバラに分解して、糊付けをし直す。たまに取れたページをお客様がセロハンテープで貼って直してくださっていることがあるが、実はこれは少し困りもの。セロハンテープは劣化するのが速くて、劣化後はテープの糊だけが紙に残り茶色に変色してしまう。本の修理の研修にいったり、他の図書館員さんの話を聞いたりすると、修理方法は実に様々。それぞれの図書館で試行錯誤しながら修理方法を確立していったことがうかがえて興味深い。

「本宮さん、もうすぐ閉館20分前ですよ」

「うわぁ、もうそんな時間ですか。閉館の準備を始めなきゃね」

黙々と作業をしていて気づかなかった。隣を見るとアカネさんはすでに片付け始めている。私もあたふたと片付けて、フロアに出る。館内を回って机や椅子を整頓したり窓を閉めたりしていると、大学生風の女の子から声をかけられた。

「すみません、鎌倉時代の日本人の平均身長がわかる資料はありませんか？」

「鎌倉時代の日本人の平均身長ですか、うーん……」

時計を見ると閉館まであと10分。これは質問の受け付けだけして回答は明日以降ということでご案内したほうがよいかも。すぐにはわかりそうにないし。

そう伝えると「だったらいいんです、実はちょっと急いでいて」

話を聞いてみるとやはり彼女は大学生。あさってから始まる教育実習の話のネタとして使いたいと考えているが、ちゃんとした資料にもとづいて話をしたいとのこと。そういう事情であれば、何か持って帰ってもらいたい！　と思って、「今、調べてみますから、ちょっと待っていてください」

とはいってみたものの時間もないし、さてどうしよう？　途方に暮れていると、近くでその様子を見ていた木崎さんから、

「国立国会図書館の〈レファレンス協同データベース〉[1]で調べてみれば？　もしかしたら今回の質問と似たようなのが見つかるかも」

この〈レファレンス協同データベース〉というのは、国内各種の図書館（公共図書館や大学図書館、専門図書館などが参加）が提供したレファレンス事例や調べ方マニュアルなどを検索できるようにし

たシステムである。事例の一般公開数は、数万件にのぼっている。これだけの事例が全国から集まると全く同じ内容のじゃなくても、似たような事例やヒントとなる事例が見つかったりする。

「それはいいアイディアですね！」

さっそく〈レファレンス協同データベース〉にアクセスする。キーワードはあんまり限定しすぎるとヒットしなさそうだから、「身長」とだけ入れて検索してみた。

よかった、何件かヒットしてくれた。その中の事例をざっと見てみると、さすがに鎌倉時代の平均身長についての事例はなかったけど、江戸時代や明治時代の平均身長を問う事例が数件あった。これはいけるかもと思って、それらの事例を詳しく見ていくと、参考資料として『骨は語る徳川将軍・大名家の人びと』[2]や『日本人のからだ』[3]という本があがっていた。「骨」というアプローチの方法があるのか。古い時代の骨が全国各地で発掘されているわけだから、各時代の平均身長をある程度推測することは可能だろう。鎌倉時代の日本人の平均身長もわかりそうな気がする。

閉館まであと残り5分を切っている。幸いこの2冊ともあかね市立図書館にあったので、書架から取ってきて急いで中を確認してみる。『骨は語る徳川将軍・大名家の人びと』は、江戸時代のことしか書かれていないのではと思ったけど、プロローグのところで、身長などの時代的推移が折れ線グラフで出ていた。時代区分が、縄文・弥生・古墳・中世・近世・現代となっている。鎌倉時代だと中世のところを参考にすればよいかな。

『日本人のからだ』のほうは、Ⅰ「総論」のところに「身長の時代的変化」という表があって、古墳時代から昭和までの平均推定身長が具体的な数値をあげて表にまとめられていた。それによると、鎌倉時代の平均推定身長（関東地方から出土した成人の人骨より）は、男性：１５９０・０㎜、女性：１４４９・０㎜というデータが出ていた。というところでタイムアップ。閉館時間がきてしまった。彼女にはこの２冊をご案内することにした。

「巻末に参考文献が出ているので、もっと詳しく知りたい場合にはそれも参考にするとよいですよ」と彼女に調査結果を話すと、自分の大学の図書館でも調べてみるといって帰っていった。

今回は〈レファレンス協同データベース〉に助けられたな。不慣れなテーマの質問であっても、どこかの図書館がすでに調べてくれているかもというのは心強い。日本全国の図書館員たちがコツコツ積み上げてきたレファレンス事例集の集積にはすごい力がある。こんな短時間で調べるのは無理かと思ったけど、資料が提供できてホントによかった。

あかね市立図書館とあかね市にある紫野大学図書館は提携関係にある。これにより、あかね市民は紫野大学図書館を利用できるようになった。今日は打ち合わせのため紫野大学図書館に出張だった。終わったら直帰してよいみたいなので、ついでにこの間受けたレファレンスを大学の図書館でもう少し詳しく調べてみることにした。お客様に紹介した資料はどちらも10年以上前の資料。新しい研究成果が発表されているかもしれないし、もっと新しい資料を見つけたいところ。

実はすでに紫野大学図書館で確認したいと思っている雑誌論文が1件ある。雑誌文献のデータベースの〈CiNii〉で検索して見つけた論文である。あかね市立図書館には所蔵がないけど、紫野大学図書館では所蔵している。専門書や専門雑誌に関しては、大学図書館のほうが充実しているので、利用できるととても助かる。雑誌のバックナンバーも長期的に保存してくれているのもありがたい。

お目あての論文というのは、二〇〇七年三月刊行の『遺伝』61巻2号に掲載されている、中橋孝博著「骨から辿る日本人の身体の変化」。この論文を見てみると、『骨は語る徳川将軍・大名家の人びと』[4]に載っていたのとほぼ同じ、身長の時代的推移を表した折れ線グラフが掲載されていた。グラフはこの本を書いた鈴木尚氏の論文から引用したとある。これ以上新しいデータは今のところはないということかな。

それにしても、このグラフを見ると、身長は時代とともに伸びる一方かと思いきやそうではないらしい。縄文時代から弥生時代にかけて身長は伸びていっているけど、古墳時代から近世にかけては逆にどんどん身長が低くなっている。そして近代から現代にかけては急激にまた伸びている。

なんだか意外、江戸時代の日本人が日本の歴史の中で一番小さかったなんて。この時代の男性の平均身長は156㎝くらいで、私の身長よりも低い。その原因はまだまだ研究途中で不明な点が多いみたいだけど、近代（明治）から現代にかけての急激な身長の伸びは、食生活等の変化が大きく影響しているというのは間違いなさそう。問題は、縄文時代↓弥生時代、古墳時代↓近世の変化。現段階では、縄文時代から弥生時代にかけての変化は、大陸からの水稲稲作文化の伝来とともに、人も一緒に流入してきたのではないかという「渡来説」が有力のようだ。古墳時代から近世にかけての変化、特に江戸時代の人々の身長の低さは、生活環境の悪さが反映された可能性があるとしている。江戸時代の庶民の生活はかなり悲惨だったらしい。レファレンスにきた彼女がどんな風にこのことを取りあげるのかはわからないけど、教育実習の話のネタにするにはおもしろいかも。

せっかくきたので、その他にもないかと書架をブラウジング。人間の骨に関することだから［49］（医学）の棚ばかり探していたけど、［46］（生物学）にもあるんだな。『骨の事典』[5]という本を見つけたので中を見ると、日本人骨格の変遷という項目の中に、「時代による変遷と地域差」というページがあり、推定身長に関する折れ線グラフが掲載されている。本州だけではなく、北海道のデータも出ていた。地域によっても平均身長は違っているようだ。

調べもついたところでそろそろ帰るとするか。今ごろ彼女は教育実習で奮闘しているんだろうか。そういえば私も学生時代、途中まで教職課程を取っていたな。でも、教育実習にいきたくなくて挫折したんだっけ……。そして司書教諭の資格は取れず仕舞い。トホホな過去が蘇ってきたところで、気晴らしに学食で食べて帰ろっと。この大学の学食、からあげ丼が美味しいんだよね〜。今日の晩ごはんはからあげ丼で決まり！

【主な使用資料】

1 〈レファレンス協同データベース〉（国立国会図書館）http://crd.ndl.go.jp/jp/public/
2 『骨は語る徳川将軍・大名家の人びと』鈴木尚著 東京大学出版会 １９８５年
3 『日本人のからだ：健康・身体データ集』鈴木隆雄著 朝倉書店 １９９６年
4 「骨から辿る日本人の身体の変化」中橋孝博著（『遺伝』61巻2号 ２００７年3月）
5 『骨の事典』鈴木隆雄ほか編 朝倉書店 ２００３年

「誰が研究しているか」

人骨を通して日本史を考察する学者は限られているようなので、主に誰によって研究されているのかがわかったら、ＯＰＡＣやデータベース等で人名から検索してみるのも有効かもしれません。参考文献などをたどっていっても、根拠となっている基礎的な文献を知ることができます。発掘成果の蓄積によってデータが変わっている可能性もあるので、できるだけ新しい文献の確認をしつつ、調査を進めていきたいですね。人骨以外からも研究されていそうなテーマのようにも思えます。

昔、よく通った東京スタジアムに関するエピソードは

横道 独歩

1週間ほど前に梅雨明けして以来、一挙に猛暑が押し寄せてきた。夏休みに入ってからあかね市の海水浴場も賑《にぎ》わっているようだ。

近くの野球場で高校野球の試合が行われた日の昼下がり、Ｔさんが図書館にやってきた。

「こんにちは。昨日はどうも」

昨日は帰りがけに「がんも亭」に立ち寄った。「がんも亭」は図書館の宴会ではいつも使うお店だ。暑い日が続いているし、昨日はカウンター対応や受入資料の仕分けなどで疲れたので、生ビールを飲みにいった。途中Ｔさんが店にやってきた。店のＴＶで野球中継が流れていたので、少し野球の話をした。

「やあ。昨日話していた東京球場のことだけど、調べてもらえるかな？」

Ｔさんはレファレンスカウンターにいた私に声をかけてきた。

Ｔさんは図書館の近くの住宅地に住んでいる。2年前ほど前まで都内の大企業の役員を務めていたが、現在は退職し悠々自適な生活を送っている。図書館にも週1、2回訪れる。Ｔさんは高校卒業後、

青森から上京し千住《せんじゅ》にある工場に就職した。仕事の帰りに近くの東京スタジアムでよくプロ野球を観戦していたという。

「調布市にあるサッカーの東京スタジアムではなくて、プロ野球の東京スタジアムのことですよね」

「ああ。昔、仕事の帰りに野球を観にときどき立ち寄ったんだ。勤めていた会社も球場に資材などを納品していたんだよ。この秋に当時の会社仲間と久しぶりに会おうということになってね、千住の辺りにいく予定なんだ。その前に昔のことをもう一度思い出しておきたいと思って」

「それは楽しそうですね。図書館で調べられるだけのことは調べてみますが」

「よろしく頼むよ」

「どういった事柄がよいでしょうか？　プロ野球の試合のこととか、建築物としての野球場のこととか」

私がたずねると、「できればいろいろなエピソードのような話があると面白いな。あの頃は町の誰もが野球の試合と生活が一緒になっていたような時代でね。その時の様子を思い出せればいいな」とTさんはいわれた。

「わかりました。では、閲覧席でお待ちになってください」

Tさんにそう伝え、調査を始めた。

まずは東京スタジアムの概要を把握するためインターネットの情報を探すことにした。「東京スタジアム」もしくは「東京球場」で検索すると、いくつかのサイトから情報があった。ネットサーフィンをして見つけた情報をまとめると以下のようである。

大映のオーナーだった永田雅一が大和毛織の工場跡地を買い取り、本拠地球場の建設に着手した。一九六一年七月に着工、一九六二年五月三十一日に竣工し、「東京スタジアム」と命名された。通称「東京球場」とも呼ばれた。翌月六月二日の大毎オリオンズ対南海ホークス7回戦が初のプロ野球公式戦。オリオンズ（球団名を大毎→東京→ロッテと改称）がこの球場を本拠地とした。

一九七〇年のオリオンズがリーグ優勝を決めたときには、観客・ファンがグラウンドに押し寄せ、永田雅一を胴上げし、「東京音頭」がこだました。

一九七一年大映は球団経営をロッテに譲渡、本社の経営再建に乗り出したが倒産。球場の経営権は国際興業社主の小佐野賢治に移った。小佐野はロッテに球場の買い取りを求めたが、ロッテ側は難色を示した。

東京スタジアムは一九七二年に廃業が決定、一九七七年に跡地を東京都が買い取り、スタンドが解体された。着工後わずか16年で幕を閉じた。

かつて東京スタジアムだった場所には、現在、荒川総合スポーツセンター、南千住野球場、南千住警察署と警察寮が建てられている。荒川総合スポーツセンターは、オリンピック2大会2種目連続金メダルの偉業を達成した水泳の北島康介選手が通った場所として注目された。

東京スタジアムは、当時としては画期的な試みも行われていたようだ。

大リーグのサンフランシスコ・ジャイアンツの本拠地だった「キャンドルスティック・パーク」の

照明をモデルにした6基の照明塔で照らし出される夜の光景は、「光の球場」と呼ばれた。その他、見やすいスコアボード、ゆったりして座りやすいシート、エントランス部からスロープ式の通路など、充実した環境を備えていたという。

一方、「下駄履きで通える球場」として下町の人々に親しまれてもいた。「こち亀」で有名な漫画「こちら葛飾区亀有公園前派出所」では、連載800回記念に「光の球場！の巻」として取りあげられた。テレビアニメ版でも放映されたらしい。「帰ってきたウルトラマン」にもロケで使用されたようだ。地元の荒川区のホームページには特集ページがある。

東京スタジアムにかかわる概略的な内容を調べるというならば、これらのインターネットの情報で十分のように思う。しかしTさんはいろいろなエピソードを知りたいといわれた。インターネットでもエピソードに類する話は出ていたが、本にあたったほうがもっと他にも見つかるかもしれない。

ＯＰＡＣで当館の所蔵資料を検索した。タイトルで「東京スタジアム」もしくは「東京球場」、加えて件名「野球場」

を入力して検索し、有効そうなものをピックアップして書棚に向かった。

まず先に［783］（野球）の棚にいき、『あの頃こんな球場があった』[1]を手に取った。「東京スタジアム」「後楽園球場」「川崎球場」……とプロ野球の歴史を築いた球場の章が並んでいる。その中で「東京スタジアム」が一番目にあげられているのは、筆者の思い入れの強さからだろうか？　インターネットサイトでも情報の出典としてあげられていた本である。オーナー永田雅一のこと、オリオンズがリーグ優勝した時のことなど、東京スタジアムに関するエピソードが詳しく書かれている。

ベースボールマガジン社のムック本で『球場物語』[2]という本もあった。「追憶のスタジアム」の章の中に東京スタジアムが載っている。ここでも東京スタジアムは一番目に出ている。豊富な写真で見ていて楽しい。東京スタジアムの全体的なイメージをつかむには便利である。

もう1冊『スタジアムの戦後史』[3]を手に取った。第5章に「東京スタジアム「ラッパ」と呼ばれた男、永田雅一の栄光と挫折」がある。こちらは大映社長としてオリオンズのオーナーになった永田雅一の人物像にスポットをあてて書かれている。永田雅一は、さまざまな職を経て大映の社長に就任した。黒澤明監督の「羅生門」の成功を契機に数々の名作映画を製作し、スターを育て、大映を日本を代表する映画産業に成長させた。プロ野球とのかかわりは一九四八年からで、金も出すが口も出すオーナーの性格は「ラッパ」と呼ばれ、周囲に騒動を巻き起こした。しかし、ワンマンオーナーではあるが野球への情熱は強かったようだ。

次に［52］（建築）の棚のほうに回り、『東京現代遺跡発掘の旅』[4]を手に取った。「東京スタジアム」

の項があり、監督のユニフォームや球場のラバーフェンスを譲り受けた職人、スタジアム前のおそば屋さん、元選手のインタビューをもとにまとめられている。「地元の人間が夕涼みにいくんだよ。スイカなんか持ってさ」というように、町の人々にとってまさに憩いの場所であったようだ。「応援する人たちがみんな親戚同士って感じでね、選手、キップ切る人、お客さんの間になんか不思議な連帯感みたいなものがありましたね」といった話も書かれている。おそば屋さんの話の中では、たぬきそばを食べてホームランを2本打ったアルトマン選手はそれ以降毎日頼んだというエピソードが語られている。球場の近くの人々の間では、背番号3の代名詞といえば巨人の長嶋ではなくオリオンズのスラッガー榎本であったという。

「東京スタジアム追記」という欄には、球場跡にほど近い「荒川ふるさと文化館」を訪れた記事が掲載されている。平成十二年七月から2カ月間、同館で「消えた娯楽の殿堂 君は東京球場（スタジアム）を知っているか!?」という企画展が開催されたという。

エッセイの棚［914］からは中島梓著[5]『くたばれグルメ』を手に取った。OPACで検索したとき、なぜこんな本もヒットしたのだろう? と不思議に思った。内容データがヒットしたようで「メドレー、還らざる美味〜究極のうまいもの」の章の中に「東京球場の肉ウドンと後楽園球場のスープ」という段がある。「春のオープン戦の「クソ寒い」中観戦していると、「天の助け、「肉ウドン」を売りにくる。……（略）およそ日頃であれば食指のうごかない代物が、実にうまく、腹のなかまでぬくまって、何とも楽しみであった」と書かれている。これも面白いエピソードである。

当館で所蔵している以外の本や雑誌記事や新聞記事も探せばその他の情報が見つかるかもしれない。特に野球関係の雑誌には、特集記事などもありそうだ。

けれども、頼まれた内容に適当な情報をある程度得られたので、ここで調査を区切りTさんに声をかけた。

「東京スタジアムに関するエピソードという観点で、とりあえず当館で所蔵しているものを調べてみるとこれらの本がありました。図書館で所蔵していない本や、雑誌や新聞記事などの情報も探せばあると思うのですが、どの本にも掲載されているような主なエピソードは、これらの本である程度網羅しているように思えます」

と説明し、本をTさんに渡した。

Tさんは、1冊ずつ私が栞《しおり》をはさんでいた個所をひととおり眺めた後、

「なるほど。ちょっと読ませてもらうよ」

といって、海の見える閲覧席のほうに向かった。

少し経った後、私が書棚を巡回しているとTさんは席を立ってやってきた。

「ありがとう。いろいろなエピソードが出ていて面白かった。昔のことを少し思い出したよ。今度昔の仲間と会う時の話題になるよ」といわれた。

そして、『あの頃こんな球場があった』『スタジアムの戦後史』『東京現代遺跡発掘の旅』を選び、貸出手続きをされた。

「じゃあね。がんも亭でも、また会いましょう」
Tさんはそういって、図書館を出ていかれた。
窓を眺めると入道雲がわき立っている。野球には夏の風景がよく似合う。

【主な使用資料】

1『あの頃こんな球場があった 昭和プロ野球秘史』佐野正幸著 草思社 ２００６年
2『球場物語』ベースボール・マガジン社 ２００５年
3『スタジアムの戦後史 夢と欲望の60年』阿部珠樹著 平凡社（平凡社新書）２００５年
4『東京現代遺跡発掘の旅』交通新聞社 ２００２年
5『くたばれグルメ』中島梓著 集英社 １９８７年

「知りたいことは何」

プロ野球を好きな人は多いし、地域のシンボルでもあるので、昔の球場を記録している本はそれなりにたくさんあります。野球以外からも多方面にわたって調べていくことができました。建築としての球場、選手の記録や活躍、観客の楽しみ方……、図書館員はレファレンス・インタビューという聞き取りをしながら、なるべく要望に沿った本を提供するように心がけています。知りたいのはどんな情報なのか、自分自身にレファレンス・インタビューしてみると、頭の中が整理できて資料が探しやすくなるかもしれません。調べている過程でグルメの本にも東京球場が出ていたなど、思わぬ発見があるのも図書館の楽しみ方ですね。

一つ目の人々の国はどこにあったのか

富士 のぶえ

今日もうだるような暑さだ。いったい地球温暖化はどこまでいくのだろう。「この図書館は天井が高いから空調の効きがいまいちなのよね」と木崎さんがいっていた。天井が高いと空調管理が大変なのだとか。

こんなに暑いと午後からの「おはなし会」にきてくれる人も少ないかもしれない。あかね市立図書館では月に3回おはなし会を行っている。内容は絵本の読み聞かせ・すばなし・紙芝居・パネルシアターなど。「すばなし」というのは一般的にはあまり馴染みがないかもしれない。これは本を見ないで語り手がすべて暗記して語るもの。ただ棒暗記で語るのではなく自分の中にそのおはなしのイメージがしっかりできていないと聞いてくれる人に伝わっていかない。「おはなし会」の担当になって数年経つが子どもたちの反応は正直なのでどの演目も十分な準備が必要だ。絵本も新しいものがどんどん出ているが「おはなし会」ではなるべく成人式を迎えた本（出版後20年を経たもの）を提供したい。すばなしと同じで「本物」の持っている力は子どもたちの心をぐっととらえてくれるからだ。

そんなことを考えているとNちゃんとおじいちゃんの2人連れが児童コーナーに入ってこられた。

夏休みといってもご両親がお勤めで、この頃Nちゃんはおじいちゃんとよく児童コーナーを訪れる。おじいちゃんと孫って見ていてほのぼのしてくるなあ。

「あのね、今度みんなでお化け屋敷にいくんだよ」とNちゃん。「いやあ、あんまり暑いものだからお化け屋敷にでもいったらちょっとは涼しいかな、と思ってね」とおじいちゃん。

「ところで司書さん、江戸時代に一つ目の人々の国、というのがあったらしいんだがどこにあったか、どういう国かわかるかねえ？」

「え？　一つ目の人々の国ですか？」グリムの昔話に「一つ目、二つ目、三つ目」というおはなしがあるのは知っているが……。（ふつうの人間と変わらない二つ目が、姉妹の一つ目、三つ目にいじめられるこのおはなし、二つ目がけなげで泣けるのよねぇ）。江戸時代で一つ目の人々の国？　全く思いつかないなあ。一つ目小僧と関係あるのだろうか？

「それって一つ目小僧と関係あるのですか？」

「いや、わしも歴史好きの知り合いから聞いたんだがよくわからなくて。教えてくれ、というのも悔しいし。図書館の人に聞いたらわかるかなあ、と思ってね。急がんので調べてもらえんかなあ」

「ふじさん、よろしくおねがいします。がんばってね！」

あらあらNちゃんにも励まされてしまった。これは頑張らないと！

さしもの暑さに外出を控えてか今日はお客様が少ない。カウンターを気にしながらまずは［38］の民俗学のあたりの書架に。一つ目小僧だと妖怪関係か。水木しげるの妖怪ものにも一つ目小僧は載っているがかなりマニアックな感じ。なになに『少年少女版　日本妖怪図鑑』[1]というのもある。一つ目小僧は「山の怪」という分類に属していて「この妖怪は山の神で全国に現れる。一つ目一本足で目が皿のように大きい」……関東・中部・近畿と地方によって現れる時期まで決まっているらしい。でも全国に分布しているので今回の問題には該当しないようだ。妖怪というと井上円了の妖怪学が有名だが、ここはやはり民俗学の柳田國男の著作を押えておくべきか。

昼休みに『定本　柳田國男集』[2]を見てみる。第5巻には「一目小僧その他」という章がありさまざまな一目小僧が登場する。二月と十二月の八日のコトオサメの日には一目小僧が現れるので門に目籠《めかご》（目の粗い竹籠）を掲げて目の数で威嚇し退散させる風習があるようで（『国史大辞典』にも同様の記述あり）、興味深いがやはり一目小僧は日本全国にいきわたってみられる、とのことだ。基本の百科事典『日本大百科全書』を見ても「国」につながる記述はない。

事務室で「ヒトツメ、ヒトツメ……」とブツブツいっていると川波係長から声をかけられた。「一つ目って漢字の音読みでいうと「イチモク」ですよね」そうか、訓読みばかり気にしていたけど音読みに発想転換すると道が開けるかも。

『日本国語大辞典』[3]を見ると「いちもく」（一目）の項目の②に「目が一つしかないとされる想像上の人間」と出ていた。そして「いちもくこく」（一目国）の項目には、「目が一つしかない人間が住んでいるという、中国の伝説上の国の名」とある。読みを切り替えると違うものが見えてきた。「いちもくこく」の項目には『和漢三才図会』からの引用が続いている。

　確か東洋文庫に『和漢三才図会』[4]があったな。平凡社の東洋文庫はなかなか興味深い顔ぶれだが、その中でも『和漢三才図会』は、大阪の医師・寺島良安が一七一二年頃著した日本初の図が入った百科事典とでもいうべきもの。東洋文庫版は、索引も丁寧で本文も口語訳でわかりやすく、見ているだけでも楽しい。「一目」で引くと巻第十四の外夷人物の中に「一目」（いちもく、イツモツ）の項目で、一つ目の人の図とともに「『三才図会』（人物十三巻）によれば、一目国は北海の外、無臂《むき》国の東にある。その国の人々は一つ目で面《かお》の正面にあり、手足はみな具《そな》わっている、という」とある。参照している『三才図会』とは中国の明の王圻《おうき》の撰による図絵入りの百科全書（一六〇七年）のこと。「一つ目の人々の国」とはこれか！　江戸時代のことは江戸時代の辞典を使って調べられるということね。

　江戸時代のことが載っている辞典、といえば『江戸文学俗言辞典』[5]はどうだろう。さっそく見てみると「一つ目小僧」の項のところに『和漢三才図会』の一目国のことが出ている。また『日本伝奇伝説大事典』[6]の「一つ目小僧」の項にも詳しく出ており落語の材料（「一眼国《いちがんこく》」）にまで取り入れられている、とある。そうなんだ、落語にもなっているんだ。落語といえば川波係長が落語好きだということを聞いたことがあるな。

「係長、一眼国という落語知っていますか？」

「よくぞ聞いてくださった。富士さんがいつ一眼国に気がつくかな、と待っていたんですよ。急ぎのレファレンスではなさそうだったので、自分で見つけ出したほうがいいかなと思ってね」

「どんな話なんですか？」

「江戸時代、両国広小路の見世物小屋の香具師《やし》が珍しい演目を探しているうちに、諸国を旅する六十六部から、江戸から北へ百里ばかりいったところに国中の人々がすべて一つ目だという一眼国がある、という話を聞くんですね。そこでさっそく出かけた香具師が一つ目の女の子を見つけて見世物にしようと捕まえたところ、逆に村人に捕まってしまう。奉行所に連れていかれたこの香具師、周りは皆一つ目の人々。やや、二つ目とは珍しい、さっそく見世物に出せ！　といわれてしまう話ですよ。もともと地方の奇談などから採られたようですが『奇談新編』（天保十三年）や『はなし蔵中巻・取りに来て取られた』（嘉永二年）という小咄の中に一眼国が出てくるようです。本編は短いものだけど噺家さんによってバリエーションがあるから演じる時間も違っています。僕自身は以前寄席に通っていた時に小三治のを聞いて面白い噺《はなし》だなあと思ったんですよ。ああいうオチの付け方を逆さ落ちというらしい。あたり前だと思っていることも違う状況では逆の立場になるという、なかなか含蓄のある話だと思いませんか？」

へえ、そういう落語もあるんだ。

「日本の江戸時代というくくりがなければ、一つ目というと古代ギリシア文学では「キュクロープス」という一つ目の巨人が出てきますよ」と横道さん。それにしても皆さん、なぜそんなに物知りなの？

児童カウンターの午前午後の引継ぎの時に木崎さんにこれまでの話をすると「あら、絵本にも『ひとつめのくに』[7]というのがありますよね」といって書架から持ってきてくれた。まさに「一眼国」だ。

「以前、この絵本作家さんからこれは落語をもとにした話なのよ、と聞いたことがあります」と木崎さん。こんな身近に回答があったとは……。

数日後、Nちゃんがおじいちゃんとニコニコしながらやってきた。

「お化け屋敷、どうだった？」

「ちっとも怖くなかったんだよ。涼しかったけど」

「今の子は刺激の強いものに慣れているからなかなか怖がらなくてねえ」とおじいちゃん。

「一つ目の人々の国のこと、調べてみたんですけど……」とこれまでの経緯をお話しする。

「そうですか。落語に出てきていたとはねえ。例の知り合いに今度会ったら、わしにもわかったぞっていってやりますよ」

「ねえ、おじいちゃん。このえほん、おもしろそう。借りて帰ろう」
そういってNちゃん、『ひとつめのくに』を借りていってくれた。

【主な使用資料】

1『少年少女版　日本妖怪図鑑』岩井宏實文 川端誠絵 文化出版局 1987年
2『定本 柳田國男集』第5巻 筑摩書房 1962年
3『日本国語大辞典 第1巻：第2版』小学館 2001年
4『和漢三才図会3』寺島良安著 島田勇雄・竹島淳夫・樋口元巳訳注 平凡社（東洋文庫）1986年
5『江戸文学俗信辞典』石川一郎編 東京堂出版 1989年
6『日本伝奇伝説大事典』角川書店 1986年
7『ひとつめのくに』せなけいこさく 童心社 1978年

「複数の切り口で」

経験的に伝説や民俗学関係の問い合わせは、複数の分野から調べられることが多いように思えます。それこそ一つ目にならず、たくさんの視点で調べられるように心がけましょう。今回の富士さんの調査でも、歴史・民俗学・文学など、いくつかの切り口から資料を提示することができました。「一つ目の国」から調べていくのはなかなか手こずったみたいですが、「一目」や「一眼国」というキーワードを得たのがポイントでした。落語の演目にもなっているのなら、落語全集の巻末の解説などもチェックしてみてもよいかもしれません。

泡盛とラオラオの関係が知りたい

本宮 美里

「こんにちは〜、お久しぶりです」

誰かと思ったら、去年までここでアルバイトをしていたひとみちゃんだった。

「わあ、久しぶり！　元気そうだね。どこかいってきたの？　いい具合に黒く焼けてるけど」

「先週までラオスにいっていたんですよ、3カ月くらい。ラオスの人はみんなよい人たちで、しかも食べものもすごくおいしくてすっかり長居を。初めての海外だったのでうれしくって、たくさんおみやげを買ってきちゃいました。川海苔に、ラオスのお菓子・タマリンドに、ラオスのビール・ビアラオに、ラオスの焼酎・ラオラオです」

とガサガサと袋からたくさんおみやげが出てきた。

「あはは、昼間から酒盛りですか、さすが酒好き。海苔とビールはわかるけど、タマリンドとラオラオは何だか謎のおみやげだね」

タマリンドという名のお菓子、1個1個カラフルなセロハンに包まれて一見するとキャンディのように見える。

「このお菓子はタマリンドの実をペースト状にして固めたもので、甘酸っぱくておいしいですよ。ジャムになっているのも売っていました」

「じゃあ、このラオラオっていうお酒はどんな味なの？　名前もなんかカワイイね。今味見できないのがすごく残念なんだけど」

「ひと言でいえば、沖縄の泡盛に味がそっくりなんですよ」

「へー、そうなんだ。それは興味あるな、私、泡盛好きだから。事務室に寄っていきなよ、みんな喜ぶよ。あとでラオスの話も聞かせてね」

「今日はおみやげ持ってきただけじゃなくて、お客さんとしてレファレンスをお願いしにきたんですよ。わかんなかったら、おみやげはお預けです。ふふふふふ」

　果たしてそのレファレンスの内容とは、ラオスの焼酎「ラオラオ」（または「ラオラーオ」ともいうらしい）と沖縄の焼酎「泡盛」の関係を知りたいとのこと。さっき彼女が話していたけど、ラオラオと泡盛は味が似ているみたい。泡盛は、米が原料の焼酎で他の日本の焼酎と比べると、かなり特徴

的な味がする。なので、人によって好き嫌いがわかれるお酒だ。そのひと癖ある風味がいいんだよね。で彼女がインターネットで検索してみたところ、泡盛とラオラオの関係を匂わすサイトがいくつかあったみたいだけど、根拠となるような文献は書いていなかったそうだ。彼女はできれば本で確認したいらしい。おみやげゲットのために！　あ、じゃなくてひとみちゃんのために、なんとしてでも回答しなければ。

まずは彼女が調べたというインターネットの情報を見てみよう。キーワードに「泡盛　ラオラオ」で〈Google〉を使って検索をかける。沖縄の地方新聞[1]〈沖縄タイムスのホームページ〉の記事「ASIAに翔く12」（『沖縄新聞』一九九七年一月三十日／朝刊26面）に、ラオラオのことが書かれていた。それによると、ラオラオは「もち米を使った蒸留酒。味、においはもとより、原料がもち米ということと発酵に使う麹《こうじ》が違う以外は製造工程も泡盛とまったく同じ。ラオラオは、泡盛の源流とも、同一のルーツを持つ「兄弟酒」ともいわれる」と書いてあった。その他のサイトにも泡盛とラオラオは味が似ているといった記述が見られるけど、それを裏付ける本は紹介されていない。

こういうのは案外、旅行のガイドブックとかに説明が出ているんじゃないかと、[2]『地球の歩き方　ラオス　'08―'09』を見ることにした。ラオスという国はタイやカンボジア、ミャンマー、ベトナム、中国と多くの国と国境を接している。メディアではあまり登場してこない国だから今まで全然知らなかったけど。この本によるとラオラオは、「ラオ＝酒、ラーオー＝ラオス、つまりラオスの酒という意味だが、実は米焼酎である」と書いてある。泡盛との関係については触れていないけど、泡盛も米が原料だから味が近いのかもしれないな。でも収穫がゼロなわけではない。巻末「ラオスを知る事典」の「ラオスの情報源」で歴史や文化を知ることができる本がいくつかあげられているではないですか。その中でもこれは！　と思ったのが、[3]『タイ・ラオス・ベトナム酒紀行』と[4]『世界の食文化4　ベトナム・カンボジア・ラオス・ミャンマー』という本。両方ともあかね市立図書館にあったので見てみる。『タイ・ラオス・ベトナム酒紀行』には、泡盛との関係を示す記述はなし。だけど、中身はイラスト満載のお酒好きな若い女性の旅日記で面白そうな本。ラオラオの作り方が図解されているし、ひとみちゃんが喜びそうだから一応キープしておこう。『世界の食文化4　ベトナム・カンボジア・ラオス・ミャンマー』には、お酒のことは書かれていなかった。お酒は食文化に入らないのだろうか……。

海外旅行にはいかないから『地球の歩き方』シリーズをじっくり読んだことはなかったけど、観光地やホテルのことだけじゃなくて、意外に歴史や文化についてもけっこうなページ数を割いて書かれていることに感心。うちの図書館では世界各国の『地球の歩き方』を所蔵している。旅のお供にと利用が多いのも頷ける。

ここは王道でいこうと[5]『日本大百科全書』を開く。索引で引いてみてもさすがにラオラオはなかった。「ラオス」の項にもラオラオに関することは書いていない。「泡盛」の項を見ると、「製法は十五世紀の初頭シャム（タイ）から伝来したとされ、やがて九州に伝わり、しょうちゅうとなった。昭和初期に刊行された東恩納寛惇《ひがしおんなかんじゅん》の『泡盛雑考』には、タイの米からつくる蒸留酒ラオ・ロンと泡盛とは、その香味と蒸留機が酷似していることが指摘されている。原料は今日でもタイ産の砕米《さいまい》を用いるが、……」とあった。泡盛ってタイ米が原料なのか、だからタイが泡盛のルーツといわれているのかな。タイとラオスは隣同士だし、関係がありそうな感じがする。

それから『酒の事典』[6]を見てみる。やはりラオラオの項はなく、「泡盛」の項には、「十六世紀沖縄で造られていたものはシャム-タイ-からきたもので中国の露酒《るちゅう》に似ているという明人の見聞記が残されている」とあり、さらに「十八世紀に入って新井白石の著したものの中には、沖縄の泡盛の製法はシャムから伝わったのではなく、水を加えて造る日本酒の醸法と似ていることを述べている」と書いてある。どうやら泡盛のルーツは諸説あるみたい。

日本ではあまり知られていない国だけにラオス関係の本から探すのは難しそう。これは「泡盛」のほうから探したほうがよいかも。OPACで「泡盛」と入力して検索をかけてみたら、意外にたくさんヒットしてきた。分類番号を見るとだいたい食品工業の「588」の書架と実用書の料理関係の「596」の書架に固まっている。

書架にいってまず、『泡盛浪漫　アジアの酒ロードを行く』[7]を手に取る。この本は泡盛のルーツを検証したもので、現地調査を行うなどかなり手が込んでいる。泡盛のきた道を解明しようという意気込みが感じられる本である。従来は『日本大百科全書』にもあるように、東恩納寛惇氏の著書『泡盛雑考』によるシャムルート（南ルート）説が有力だったようだ。東恩納氏は琉球史研究の泰斗とされている人物らしく、その説が影響力を持つのも無理もない。それに対してこの本では中国（福建）の北ルート説を提起して、タイやベトナム、ラオス等を含む東南アジアの南ルート説とともに検証している。しかし結局、どちらと決することはできなかったみたい。東恩納氏がタイではなくラオスを訪れていたらラオスルート説が出ていたかもしれないとも書いてあった。

『泡盛の文化誌 沖縄の酒をめぐる歴史と民俗』[8]の「泡盛の源流を求めて」の項にも同様の説が載っていた。この本では、泡盛の原料がタイ米だから泡盛の起源はタイにあるという話や記述に対して、根拠がないと完全否定している。私も単純にそうかと思ったけど違うみたい。泡盛は伝統的には地元の穀物（主に米）を原料として造られていたらしいが、明治末頃から大正期にかけて米価の高騰などの要因もあって、中国、ベトナム、シャムの外国米を使用するようになったようだ。なぜタイ米なのかというと、「種々の米を試した結果、タイ米が泡盛に一番適した米であることが判明し、昭和以降に定着したようである」とのこと。しかし、これは首里・那覇を中心とした状況で、石垣島、与那国島等では地元産の米、黒島では粟や芋を原料として造られていたそうである。

泡盛とラオラオとの関係がはっきり書かれた本は見つからなかったけど、東南アジアや中国西南部あたりが泡盛のルーツではないかという説があるから、２つのお酒の関係は深いのだろう。インターネットの情報にもあったように、泡盛とラオラオは兄弟酒といってもおかしくはなさそうだ。

なんだかすっきりしないけど、レファレンスってそういつもすっきり回答が出せるものではないから仕方ないよね。どこかにもっといい資料があるんじゃないかと思うと心残りだけれど。

よし、ひとみちゃんに報告しよう。これでおみやげのラオラオはいただきかな。でもなんで3カ月もラオスにいっていたんだろう？　しかも初海外で、なぜラオス？

【主な使用資料】

1 〈沖縄タイムスのホームページ〉 http://www.okinawatimes.co.jp/
2 『地球の歩き方 ラオス '08—'09』 ダイヤモンド社 2008年
3 『タイ・ラオス・ベトナム酒紀行』 江口まゆみ著 アリアドネ企画 1995年
4 『世界の食文化4 ベトナム・カンボジア・ラオス・ミャンマー』 森枝卓士著 農山漁村文化協会 2005年
5 『日本大百科全書 1：2版』 小学館 1994年
6 『酒の事典』 外池良三著 東京堂出版 1975年
7 『泡盛浪漫 アジアの酒ロードを行く』 泡盛浪漫特別企画班編 ボーダーインク 1996年
8 『泡盛の文化誌 沖縄の酒をめぐる歴史と民俗』 萩尾俊章著 ボーダーインク 2004年

「地域をふまえて」

ラオラオからの調査はいき詰まったようですが、泡盛から調べて伝来については、いくつかの説があることがわかりました。ラオラオ・泡盛にこだわらず、日本や東アジア、世界の蒸留酒や食文化について書かれた本を見てもいいでしょう。また、お酒の本だけでなくガイドブックなど土地の本で手がかりが見つかっています。例えばガイドブックには観光スポットだけでなく、自然や文化についてもわかりやすく掲載されていることがあります。地域をふまえた視点は、調べものをする上でけっこう効果的ですよ。

「つまきしきこうほう」について知りたい

伊予 高史

昼過ぎに「つまきしきこうほう」について知りたいと電話がかかってきた。戦前に用いられていた「こうほう」だという。

「こうほう」って何。工法だから土木か建築だよね。いや待て、耕法ってこともあるかもしれないし、広報ってこともあるか。先入観は怖いね。「どちらでお知りになられた言葉ですか」と聞いておく。

電話の相手は、昔の洋館との関連で耳にしたのだそうだ。できればあまり専門的でない本が見たいともいう。

なるほど、やっぱり工法だね。「今日の夕方までに調べた結果を電話します」と時間をいただいて調査開始。どこから手をつけるか悩むところだけれど、まずは建築の参考図書を見てみよう。専門用語ということで辞典類が有効な気がする。確か日本の建築で切妻とか妻戸とか妻の字がつく用語もあったような……。しかし、建築の辞典を見ていくが手がかりは得られない。

勘が外れたかな。何冊目かに開いた『建築大辞典：第2版』[1]にも「つまきしきこうほう」は載っていなかったが、ふと「妻《つま》木《き》頼黄《よりなか》」の項目が気になった。もしかすると「妻木式」で、この妻木頼黄という人物が関係する可能性はないだろうか。辞典は特定の項目だけでなく前後まで広く目を通すのが大事だなと改めて思う。妻木頼黄は明治時代の代表的な官僚建築家で、官庁建築等を多数手がけたのだそうだ。技術的な記載はあまりないが、妻木頼黄が考案した工法かもしれない。

参考図書での調査をひとまず終え、インターネットで妻木式工法に関する情報を調べてみることにした。何か見つかればしめたものという感じだ。

キーワード「妻木式工法」で〈Google〉を検索すると数件がヒットした。検索結果をざっと見ていくと、やはり妻木頼黄が関係しているらしい。工法ではなく構法という表記が正式なようだともわかった。「妻木式構法」で再び検索したところ「東大寺大仏殿明治修理における設計案の変遷について」[2]という文献情報がヒットした。本文は文献データベース〈CiNii〉にて閲覧可能で、該当個所には「妻木式構法の別名をもつ碇聯鉄構法《ていれんてっこうほう》との関係性について考察する。碇聯鉄構法とは、煉瓦壁の間に水平に帯鉄《おびてつ》を廻し鉄棒で要所を垂直に固定する構法で、明治二十年代以降煉瓦《れんが》造耐震構法として広まった」と説明されていた。

なるほど、妻木式構法は碇聯鉄構法ともいい、煉瓦を鉄で固定し耐震化を図る構法なのか。何となく理解できた。さらにインターネットで「妻木式構法」「碇聯鉄構法」をキーワードに検索を続け、いくつかの妻木式構法に関するサイトや文献情報から、ほぼ調べる事柄を特定できた。

そこで建築関係の一般書で、なるべくわかりやすい妻木式構法（碇聯鉄構法）の説明を探していったが、なかなかぴったりとした記述のある本を見つけられない。

建築からの調査は後回しにして、妻木頼黄という人物を調べてみることにした。

OPACで蔵書検索したところ、『明治の建築家・妻木頼黄の生涯』[3]という伝記小説があったが、構法など技術についてはあまり記載がなかった。他にも明治期の建築家を取りあげた本は何冊かあり、妻木頼黄の事績は『日本の建築［明治大正昭和4］議事堂への系譜』[4]にまとめられていると紹介してあった。所蔵していたので書庫に取りにいくとけっこう大きな図録で、本の前半は写真集であるが、後半は「議事堂への系譜」という妻木頼黄を中心にした明治期の建築界の歩みが解説され、巻末には「妻木頼黄年譜」も出ていた。内容もそれほど専門的ではなく読みやすい。けれど妻木式構法という言葉が出てこないため、どのあたりが妻木式構法に該当するのかよくわからない。

妻木式構法は一般的な建築の本には出てこない技術用語なのであろうか。要領がよくない調べものだとは思いつつ、妻木式構法という言葉が出ている本を求めて、かたっぱしから建築関係の書架を眺めていくと『東京駅と煉瓦』[5]が目にとまった。東京駅は妻木頼黄と関係なかった気もするけれど、明治時代の有名な煉瓦造りの建物だし「JR東日本で巡る日本の煉瓦建築」という副書名も気になる。何かヒントが得られるかもしれないと手に取ってぱらぱらとめくっていく。すると「煉瓦構法今昔」という項目があり「碇聯鉄構法」の小見出しを発見。「明治建築界の3巨頭のひとりである妻木頼黄の関係した煉瓦造建築には必ずといってよいほどこの碇聯鉄構法が施工されており、一名妻木式構法とも呼ばれた」とある。煉瓦を帯鉄や鉄棒で補強する構法の説明や「とりわけ濃尾《のうび》地震以降から知られてくる」という時代背景もわかった。事例として東京商業会議所など写真も掲載されている。親切に「碇（締）聯（連）鉄構法」と注記もされている。データを漢字で検索する時は気をつけなければならないであろう。

……東京駅の建築自体に妻木頼黄は関係ないけど『東京駅と煉瓦』には一般的な煉瓦建築の歴史が書いてある。個別の事例にあたることによって全体像が見えることって、たまにあるんだよね。例えば一九八〇年代の自動車業界の動向を知りたい時、そんな本がなかったとしても、トヨタとかホンダについて書かれた本を見れば、自動車業界全体についても1章が割かれているとかさ。

ようやく妻木式構法と明記されている1冊を確保することができた。もう少し調査を進めるつもりだが、最低限の資料の提示はできるので気持ちに余裕が生まれる。

ある程度の理解ができると効率的に調べていけるものだ。さっきと同じように建築関係の書架を眺めていても、この本には出ていそう、本の中のどの章に記載されていそう、と勘の働きがよくなる。やや専門的な本ではあるが『近代日本建築学発達史』[6]の「れんが造建築の導

入」という項目に「れんが壁体に碇連鉄と呼ばれた厚い帯鉄を水平に敷込み、またその帯鉄を貫通して直径30m/mほどの丸鋼を柱状その他の要所に立て込んだりした」と説明があった。はっきり妻木式構法とは記されていないが、これが妻木式構法を示しているのだろう。また、妻木頼黄設計の東京商業会議所の解体工事の調査を含めた煉瓦造の補強については『日本建築技術史』（村松貞次郎著　地人書館　一九五九年）に詳しいと紹介されていたが残念ながら未所蔵だった。

煉瓦からも調べられるかもしれないと考え、蔵書検索し『日本の［赤煉瓦］』[7]という冊子を見たところ「耐震化の系譜」という項目があった。いくつかの耐震構法の1つに碇聯鉄構法が出ていて「のちの鉄筋コンクリート造の導入に際して技術的準備をなしたとみることができます」と説明されている。鉄筋コンクリート建築の技術史や、耐震の歴史という観点でも調べていくことができそうだ。

さて、これまでの調査で妻木頼黄の代表的な建築はいくつか判明している。その中で、神奈川県横浜市には、妻木頼黄のかかわった赤煉瓦倉庫や旧横浜正金銀行本店本館（現、神奈川県立歴史博物館）が現存している。神奈川県の郷土資料には何かないのだろうか。『重要文化財　旧横浜正金銀行本店本館　復元の記録』[8]という報告書を所蔵していたので見ていくと、「撤去工事でわかったこと」という項目で、耐震を重視して建築されていた解説や「あたかも鳥かごのごとく縦横に鉄筋と帯鉄が組み合わせられていた」という図があった。おそらく妻木式構法のことを指しているのであろう。同書によると「妻木博士は施工にあたっても厳しく、煉瓦の積み方が悪いと叩くと空気の入った音がしたそうで、やり直しになったそうである。そのため、5年の歳月もかかったのであるが、関東大震災にも耐える建築となった」という。妻木頼黄は建設にあたり耐震をかなり重視していたようだ。

それならば妻木頼黄の基本的な資料といえそうな、さっきの『日本の建築［明治大正昭和4］議事堂への系譜』に妻木式構法のことが出ていないはずがない。ひょっとして見落としたのかと気になり、再び書庫に入って確認してみることにする。数十分前は妻木式構法という単語を目で追っていただけだったが、今、丁寧に文章を見ていくと「東京府庁と巣鴨監獄」の項目で東京府庁の建築に際し「妻木は組積造建築が地震から受ける被害を最小限におさえようとする工夫をこらしている。（中略）、組積造建築に緊繫用の鉄材を多く用いて耐震性を与えようとする独特の方法が使われていた」（142ページ）以下、説明が続く。さらに同書の「スーパー・グラフィックの建築」（153ページ〜）の項目で、妻木が煉瓦造だけでなく木造建築にも鉄材を用いて補強を図ったこと、その好例が東大寺大仏殿の修復工事であること、などが詳しかった。

最初、本に目を通した時には気がつかなくても、調査を経て調べ直すと、知識がついたことによって明らかになることもある。だんだんこの調査の要点みたいなものがつかめてきたので、調べていけばまだ何か見つけられるかもしれない。近年、わりと多く刊行されている産業遺産の本とかも候補かな。ま、回答するには十分な資料があったので、ひとまず調査を終えることにしよう。

意外に手こずったけど、ほっと一息。戦前の建造物の写真をたくさん目にしていたら、ビアホールの銀座ライオン（銀座七丁目店）が頭に浮かんだ。妻木式構法が使われているのかどうかはさておいて、久しぶりに足を運んでみたいな、という気分になった。

【主な使用資料】

1『建築大辞典：第2版』彰国社 1993年

2「東大寺大仏殿明治修理における設計案の変遷について」山崎幹泰著（『日本建築学会計画系論文集』535号、2000年）

3『明治の建築家・妻木頼黄の生涯』北原遼三郎著 現代書館 2002年

4『日本の建築［明治大正昭和4］議事堂への系譜』長谷川堯著 三省堂 1981年

5『東京駅と煉瓦 JR東日本で巡る日本の煉瓦建築』東日本旅客鉄道会社 1988年

6『近代日本建築学発達史』（復刊）日本建築学会編 丸善 1992年

7『日本の［赤煉瓦］』横浜開港資料館 1985年

8『重要文化財 旧横浜正金銀行本店本館 復元の記録』神奈川県教育庁生涯学習部博物館開設準備室編集協力 国設計・竹中工務店・及村工藝社 1995年

「繰り返してみよう」

ジャンルが特定できず、正確にはわからない専門用語を調べるのは手がかかります。さらに表記の異なりなどがあって、なぜか検索してもヒットしないケースも多々あります。この事例のポイントは妻木頼黄に結びつけられるかどうか。妻木頼黄を糸口に、煉瓦造りの建物の概略をつかんだことによって、以前と同じ本をめくっているのに、それまで気がつかなかったものが見えるようになりました。調べることによって知らず知らずに知識はついていきます。その上で同じところを見返すと、新たな発見につながることがあります。調べ直してみるのも無駄ではないのです。

小説の主人公が読んでいたハイネモア号の本とは

木崎　ふゆみ

カウンターでDさんに声をかけられる。かなりの読書家で、私もときどき、自分では手にとりそうにない掘り出し本を教えてもらっている常連さんだ。

「この話の中で、主人公が読んでいた本って借りられる？　検索機では見つからなかったんだけど」

うわ。作中作品のレファレンスですか。以前、宮部みゆきさんの小説に出てくる児童書を探し出せなかったことを思い出し、ちょっとひるむ（注：柏書房刊『図書館のプロが教える〈調べるコツ〉』参照）。いやいや、一度敗れたバトル（レファレンス）で「コンティニューしますか？」と聞いてもらったようなもの。ここは当然「YES」だ。

渡された本は、曽野綾子著[1]『すべての船は過去をのせる』。くだんの本が登場するのは、「ハイネモア号の乗組員」という短編で、主人公は海外暮らしが長い男性。彼が読んでいたのは、『信じようと信じまいと』ポケット版の第5巻。

ハイネモア号というのは、一八九〇年にスコットランドで建造された輸送船で、難破して最期を迎えるまで、乗組員の病気や事故、歴代船長の発狂や自殺など、数々の不運に悩まされ続けたという。

そして、その「不運なハイネモア号の話はとりわけ彼の心をうった」と書かれていた。

「この『信じようと信じまいと』という本に関する記述は、この部分だけですか？　作者や出版社の名前は出ていませんでしたか？」と確認するも「なかったと思う」との答え。

念のためOPACで蔵書検索してみる。「信じようと信じまいと」も「ハイネモア」も該当情報なしと出る。予想していたことではあるが、あかね市立図書館では所蔵なし、と。

県内の図書館で持っていないかと、インターネットで、県内公共図書館の蔵書を横断検索してみる。しかし、残念ながらヒットなし。〈Google〉で検索しても、「信じようと信じまいと」はヒット多数、「ハイネモア号」は、曽野氏の短編以外の情報はヒットゼロ。

主人公は海外暮らしが長いという設定なので、彼が読んでいたポケット版なるものは、洋書のペーパーバックという可能性もあるか。そこで、『翻訳図書目録』[2]を見てみることにする。これは、明治以降、日本で出版された翻訳図書が著者名や翻訳書名から探せる事典だ。科学、芸術、言語などすべてのジャンルを網羅している。

一九四五／七六年版の『I．総記・人文・社会』に、『信じようと信じまいと』という書名を発見する。作者は、Ripley, Robert Le Roy。「世界中のうそのようなほんとうの話」という副題がついており、一九五一年に東和社から発行されている。他に『世界珍談奇話事典』『リプレーの世界奇談集第1〜5』が朋文社から翻訳・発行されている。

「もう見つかったの。凄《すご》いわねぇ」とDさんが感心してくださるが、そもそもこの著者の本で正解なのか、正解だったとしても、ハイネモア号の話が載っているのか、確認しないことには回答になりませぬ。

時間をいただいて確認し、改めてご連絡することにする。そうだ、翻訳書が手に入らなかった場合はどうしよう。

「原書も探したほうがいいですか？」

「うーん。うちの子の学力じゃ外国語の本なんてとても無理。日本語の本じゃなかったらあきらめるわ。実は、この話に息子が興味を持っちゃったの。お手数かけますが、よろしくね」

そういうと、Ｄさんは一般書のコーナーへと去っていった。

カウンター当番終了後、調査にとりかかる。まずは短編に目をとおし、「ハイネモア号」についての記述が、該当部分以外にはないことを確認する。情報は限られているが、『翻訳図書目録』に載っていた本であるとすれば、日本で出版されたことがあるので、国立国会図書館で所蔵している可能性が高い。国会図書館のホームページにて、タイトル「信じようと信じまいと」で蔵書検索してみる。

2件ヒットした。

・『さまよう霊魂物語：信じようと、信じまいと』和巻耿介著 日本文芸社（一九六七年）
・『信じようと信じまいと：世界中のうそのようなほんとうの話』リプレー著 庄司浅水訳 東和社（一九五一年）

ありゃ。日本の本もヒットした。題名からすると、どちらもそれらしい。候補が増えてしまった。「ハイネモア号の乗組員」の初出を確認してみたところ、雑誌『群像』一九六〇年五月号とあった。出版年を考えると、和巻氏の本はあり得ないか。

リプレーの著作の検索結果画面から、個人著者標目をクリックして、他の作品についても確認する。外国人作家の場合は、翻訳者によって、作家名が違って表記されたり、名前の一部が省略されていたりするため、同一人物であるか否かの確認が難しい。しかし、国会図書館や東京都立図書館では、名前の表記にかかわらず同一人物を確認、整理し、一括して探せるようにしてくれている。これは、日本人で複数のペンネームを使用している作家の場合もたいへん役に立つ機能だ。

リプレーの著作として11冊がヒットした。「信じようと信じまいと」という書名は、やはり東和社発行版のみ。この本の原書名は載っていなかったが、1冊ずつ確認していったところ、一九八八年に河出書房新社から出版された『世界奇談集3』の原書名が『New believe it or not』となっていた。和訳すれば「新・信じようと信じまいと」といえそうだ。ということは、「奇談集」という翻訳書名の場合も、原書は同じという可能性がある。

東京都立図書館のホームページでも蔵書検索してみる。リプレーの著作としてヒットした『世界奇談集1〜5巻』(朋文堂、一九五九〜六〇年)の原書名は、『Believe it or not』とあった。これはいよいよ、同じ本かもしれない。[3]

ということならば、書名を変えて検索しなおしてみなければなるまい。『世界奇談集』で再度、県内公共図書館の蔵書を検索してみると、県立の図書館で朋文堂版の第1巻から第5巻を所蔵していることがわかった。5巻！　期待は高まるが、本当にハイネモア号の話が載っているかわからないし、主人公が、ポケット版の5巻を読んでいたからといって、和訳本も5巻に同じ内容が収録されているとも限らない。全巻借り受けて、内容を確認してみることにする。

そういえば、翻訳者の庄司浅水氏も、世界の不思議な話に関する著作を多数書いている。当館で所蔵している氏の著作を確認したところ、『世界の秘話』[4]の「船にまつわる奇談」に、「世界で一番不運な船」というタイトルで、「ヒネモア号」が紹介されていた。船の名前は微妙に違うが、不運の内容は、「ハイネモアの乗組員」で書かれていた「ハイネモア号」の悲劇といちいち同じ。原語での綴りを確認したいところだが、曽野氏の小説にも『世界の秘話』にもその情報が載っていない。とりあえず、参考としてこの資料も使えるかもしれないので確保しておくことにする。

数日後、県立の図書館から届いた本を確認してみると、第1巻に「世界でいちばん不運な船」というタイトルで「ヒネモア号」の話が収録されていた。短編および『世界の秘話』と同一といっていいような内容。とりあえず、曽野氏の短編に書かれていたものと同じ悲劇に見舞われた「ヒネモア号」という船の話が見つかりましたという線でDさんに連絡してみることにする。

ヒネモア号以外の話もぱらぱらと見てみる。世界の怪談奇談を集めた本というイメージを勝手に抱いていたのだが、一輪車でアメリカ大陸を横断した人の話や、洪水時の水位より必ず少しだけ高く伸びて稲穂を実らせる稲、切手を湿すため自分の舌を提供する切手なめ人といった世界の変わった職業の話など、何でもアリの雑学ビックリ大全といった趣き。『世界奇談集』のあとがきによると、ロバート・ルロイ・リプレーは一八九三年カリフォルニア生まれ。14歳で風俗マンガ誌『ライフ・マガジン』の広告絵を初めて描いた。その後、プロ野球選手として活躍するも、怪我のため漫画家となった彼は、世界201か国を旅行し、ひたすら「信じられそうもない事実」を探し求めたという。日本にも来訪していて、「箱根の富士屋ホテルの山口支配人のヒゲ」「高知の尾長ドリ」「盆栽」などを紹介したそうな。

リプレーは、読者から「大嘘つき」とののしられてもめげることなく、「どこまでも進め」(Keep going)をモットーに仕事も進め、その結果、『信じようと信じまいと』は、一九二九年の単行本発行後、版を重ね、一九四一年には「ポケット版」が刊行されたという。もしかしたら、「ハイネモア号の乗組員」の主人公が作中で読んでいたのは、この「ポケット版」なのかもしれない。

ラジオやテレビ番組、映画も制作され、リプレーの別邸には、立派な博物館が設けられ、彼が世界各国から収集した珍奇な骨董類が置かれているという。ちょっと見たいかも。

事務室でひとしきり、奇談・怪談話で盛り上がる。「子どもの頃、トイレにいけなくなるのがわかっているのに、幽霊船とか予言の話とかついつい読んじゃったのよねぇ」と石尾さん。はいはい、その気持ち、よくわかります。「私はその手の話、全然だめなのよ。今でも読めないわ」と富士さん。でも、先日おはなし会で、幽霊の出てくる話、語っていませんでした?

そんなこんなで、Dさんに本をおわたしするのを待つばかりとなったある日のこと、パソコンの前に座っていた横道さんに呼ばれる。「木崎さん。ヒネモア号の情報をインターネットで見つけました」

え〜、どういうこと？

ヒネモア号に興味を持った横道さんは、「Hinemoa」「ship」などをキーワードにインターネットで調べるうち、なんと、barque（帆船）hinemoaの情報を、[5]〈New Zealand National Maritime Museum〉のホームページで発見したというのである。男の子（？）の冒険心をくすぐりまくってますね、ヒネモア号。さっそく見せてもらうと、在りし日のヒネモア号の写真のほか、Introductionには、船を襲った不運が紹介されていた。建造年や場所なども『信じようと信じまいと』に載っていたとおりで、本当にあった話なんだ、としみじみ実感。それにしても、英語に置き換えて検索した横道さんのあっぱれなレファレンス魂に脱帽だ。

「レファレンジャー伊予さんの衣鉢を継ぐのは、横道さんで決まりだね」といったら、「僕はレファレンジャーじゃないし、勝手に殺さないように」と伊予さんに怒られた。

本を借りにいらしたDさんに、遅ればせながらニュージーランドの博物館情報も伝えると、「それは面白そうね。写真を見るだけでもいいし、そんなに文章の量もないということだし、英

語の勉強のつもりで、息子に見せてみよう」とたいへん喜んでくださった。
今回はちゃんとお探しの本の出版が確認できたし、横道さんのおかげで凄い情報も提供できたし、ベストエンディングなレファンレスになった。

【主な使用資料】

1 『曽野綾子作品選集 3 すべての船は過去をのせる』 曽野綾子著 光風社出版 1985年
2 『翻訳図書目録 45／76 Ⅰ 総記・人文・社会』 日外アソシエーツ 1991年
3 『世界奇談集 1～5』 リプレー著 朋文堂 1959～60年
4 『世界の秘話』 庄司浅水著 社会思想研究会出版部 （現代教養文庫） 1959年
5 〈New Zealand National Maritime Museum〉 http://www.maritimemuseum.co.nz/

「ベストな選択肢は」

最近はインターネットで多くの図書館の蔵書検索をできるようになり、とても便利になりました。同時に蔵書検索の選択肢が増えたともいえます。図書館員は、該当する本を所蔵している可能性が高そうか、目次や内容まで検索の対象にできるか、本の情報だけ確認できればよいのかなどを考えた上で、どの図書館のOPACで蔵書検索するのかを選択しています。木崎さんは国会図書館のデータでリプレーの著作情報を確認し、県内の図書館で本を探して取り寄せました。目的に応じた使い分けをしたといえます。図書館によって異なる検索システムの癖も、なんとなくでもいいので知っていると、知りたい情報に近づきやすくなると思います。

調査カード

初出
『宝石』1960年5月号

質問要旨	曽野綾子氏の短編「信じようと信じまいと」に登場したハイネモア号という船の話をさがしている。 和書希望。 『すべての船は過去をのせる』光風社出版 1985年 （口答・電話・ＦＡＸ・手紙・メール）

調査記録欄	所要［30+α 分］
例 探索方針▼調査経緯▼	・館内・県内OPAC ・google } キーワード「信じようと信じまいと」「ハイネモア号」 }→×
	・『翻訳図書目録 1945/76 I 総記・人文・社会』日外アソシエーツ（1991）P678 ①『信じようと信じまいと』Repley, Robert Le Roy 東和社 1951
	・国会OPAC キーワード「信じようと信じまいと」 2件セット ①と『さまよう霊魂物語』和巻耿介著 日本文芸社 1967 ↳×（短編の初出 1960年） ↓ 同著者の『世界奇談集3』河出書房新社 1988 原書名『New believe it or not』
	・都立OPAC ②『世界奇談集1〜5』朋文堂（1959〜1960） 原書名『Believe it or not』とあり。 県立団で ②所蔵 ——→ 第1巻 P124−125 世界でいちばん不運な船 建造年、場所 不運の内容同じ
	・翻訳者庄司浅水氏の作品にもあたってみる ③『世界の秘話』現代教養文庫 1960 P72−74 世界で一番不運な船 船名ヒネモア号 建造年・不運の内容同じ
回答要旨	②③を提供 — ④ New Zealand National Maritime Museum http://www.maritimemuseum.co.nz/ （○年○月○日確認） ×月×日 依頼者に回答
感想・備考	横道さんからの情報提供により 船のスペルは「Hinemoa」と判明。 古い情報源から あたるしかないと思っていたら インターネット上に このような情報が あったとは…!!

月見草が題材になっている児童文学作品は

横道　独歩

夏が終わりに近づいた日。今日はお客様もまばらである。

「すみません。ちょっとおたずねしてよろしいですか？」

一人の女性がレファレンスカウンターにやってきた。

「どうぞ」といって席に促した。

「私は、横浜の大学に通っている大学生で、なぎさ小学校でＴＡ（ティーチング・アシスタント）をしています。学校で週１回児童集会があるのですが、九月の仲秋の名月の頃にお月見にちなんだ文学作品の読み聞かせをするそうなのです。それで、例えば月見草が題材になっている作品を探してほしいと、私が補助をしている先生から頼まれたんです」

「学校の図書室では本を探されたんですか？」

「絵本などを何冊かは手に取ってめくってみたのですが、もっと他のいろいろな本の中からふさわしいものはないかと思って」

「学校の図書室担当の先生には、相談されたのですか？」

「私がお手伝いしている先生は司書教諭も兼任しておられるのですが、ご自分の担任のクラスの仕事で精一杯で、図書室の業務はじっくり取り組めないようなんです」

児童書のことなら富士さんが詳しいのだがあいにく休みをとっている。ご家族と一緒に箱根の温泉にいくといっていた。私はティーンズ担当になってまだ日が浅いのだが、なんとか調べてみよう。

児童書には古くから語り継がれている名作や定番となる作品があり、教科書にも採り上げられるものがある。もちろん近年に出版された作品にもいいものがあるが、児童集会という場所で紹介するというシチュエーションであれば、比較的定番となる作品がよいように思う。また、長編すぎるのは適当でないと思われるし、小学生向けということも考慮しなくてはならない。

「何年生向きとか、長さはどれくらいが適当でしょうか？」

「3、4年生向きくらいのものならば、低学年から高学年の子まで理解できると思います。長さは児童集会が20分なので、その時間内に終わる程度のものならいいのですが」

「日本国内の作品でしょうか？　それとも海外の作品でもいいのでしょうか？」

「海外の作品でもスタンダードな作品であればかまわないのですが、とりあえず日本国内の作品でいいです」

「わかりました。この図書館でできるところまで調べてみましょう」

「よろしくお願いします」

大学生は児童コーナーのほうに向かっていった。

まずはＯＰＡＣで蔵書検索してみた。「とりあえずビール」は伊予さんの口ぐせだが、図書館では「とりあえずＯＰＡＣ」というスタンスは基本の1つ。児童書にはカタカナ表記、ひらがな表記の本もあるので、「月見草」だけでなく「ツキミソウ」「つきみそう」でも検索した。ただし、月見草そのもののことを書いた植物関連の本もヒットする可能性があるので、ヒットしたデータを確認し文学作品のものを選んだ。[1]『月見草と電話兵』[2]『きつねとつきみそう』[3]『つきみそうのまつり』[4]『星になった月見草』があった。貸出されてはいないようなので、〝とりあえずキープ〟（念頭に置く）。

次に当館の所蔵資料だけでなく、これまで出版された本全体を探してみた。所蔵していない本以外にも名作とされている作品があるかもしれない。見落としを防ぐため、念のため調べてみることにした。

レファレンスカウンターを立ち、参考図書コーナーの棚に向かった。児童書関連の参考図書は主に分類番号［９０９］に並べられているが、一応月見草のことを確認してみようと思い、植物の図鑑を見ることにした。植物の本は［４７］にある。

[5]『原色植物大図鑑』の「つきみそう」の項には、「北アメリカ原産のアカバナ科の2年草。和名月見草は夕方開く白い花卉《かき》を夕月にたとえたもの。黄マツヨイグサなどと同様に渡来したが、弱いため、野生化せず、戸外ではほとんど見られない」とある。

[6]『図説 花と樹の大事典』には、「太宰治『富嶽百景』中の「富士山には、月見草が良く似合う」の月見草は、本種ではなく、オオマツヨイグサあるいはマツヨイグサである」と書かれている。

太宰治の『富嶽百景』の月見草がマツヨイグサのこととは知らなかった。文学作品なら竹久夢二に『待宵草』という詩もあるから、一応マツヨイグサも念頭に置いて調べてみよう。

そういえば、去年の夏、アルバイトにきていた上田彩乃さんも近くの川辺の宵待草が好きだっていっていたなあ。自分でも宵待草のことを調べていたようだ（注：柏書房刊『図書館が教えてくれた発想法』参照）。

あらためて児童書関連の参考図書を探した。

『作品名から引ける日本児童文学全集案内』[7]を見ると、タイトルに「月見草」がつく作品は12編掲載されていた。中でも、『月見草と電話兵』は原本に加えて3つの全集、吉屋信子の『月見草』は全集などに3編、与謝野晶子の『月見草』は全集などに2編掲載されている。複数の全集に掲載されていたり、なおかつ別の出版社で発行されたものであれば、それだけ作品としての評価が高いという目安になる。もちろん、他の作品も考慮に入れておく。一方、「マツヨイグサ」が書名になっている本は掲載されていないようだ。

インターネットでも児童書を検索した。

まず、国際子ども図書館の〈児童書総合目録〉検索ページに

アクセスした。国際子ども図書館のほか、国立国会図書館のほか、日本国内で児童書を所蔵する主要類縁機関である大阪府立国際児童文学館、神奈川近代文学館などの7機関が所蔵する児童書・関連資料の所蔵情報を一元的に検索できる目録である。それらすべての所蔵を網羅しているわけではないようだが、国内の児童書の刊行物を広く検索することができる。タイトル欄とあらすじ欄それぞれに「月見草」「つきみそう」「ツキミソウ」と文字を入れ替えて入力し、検索すると複数の作品がヒットした。「待宵草」も同様に検索してみると1件見つかった。一九七一年に偕成社から出版された『子どもの文学傑作選中級1』の中に『まつよいぐさ』（三箇紀明）という作品があるようだ。

次に〈Books. or. jp〉にアクセスしてみた。〈Books. or. jp〉は日本書籍出版協会による検索サイトで、国内で入手可能な書籍を検索できる。二〇〇一年まで冊子体で『日本書籍総目録』のタイトルで毎年刊行されていた。それを引き継いでインターネット公開している。ここに掲載されている本は、書店に頼めば入手できるという目安になっている。「もっと詳しく検索する」をクリックして詳細検索画面に切り替え、「つきみそう」「月見草」を書名、シリーズ名の欄にそれぞれ入力して検索してみた。検索結果を見て歌集、句集、新書のタイトルなど児童文学の作品ではないと思われるものを除き、質問に合致しそうなものをピックアップすると、『きつねとつきみそう』『月見草と電話兵』『つきみそうのまつり』である。当館に所蔵していた資料で〝とりあえずキープ〟した3冊だ。

『作品名から引ける日本児童文学全集案内』から見つけた与謝野晶子や吉屋信子の作品や、国際子ども図書館の〈児童書総合目録〉検索ページで見つけた作品も月見草を題材にしたという点では、質問に合致している。しかし、児童集会の時間枠に適当な長さで、かつ現在一般に出回っていて入手できそうなものとなると、やはり当館に所蔵している『月見草と電話兵』『きつねとつきみそう』『つきみそうのまつり』『星になった月見草』あたりが適当のようである。

なんとか調べられたので、上の4冊を書架から取り出し近くのソファーで本を読んでいた大学生に声をかけ、レファレンスカウンターにお連れした。

「まず当館に所蔵している作品を探して、それ以外にも世の中で出版されている作品を確認しました。月見草を題材にした作品は他にもありますが、現在でも比較的出回っている作品で児童集会にも適当なものとしては、これらの本がちょうどいいと思いますが」

大学生は本のページをめくりながら、「そうですね。これらの作品はどれも児童集会にはちょうどいいかもしれませんね。司書教諭の先生にお伝えしてみます」といった。

「お役に立てそうならよかったです。お使いになるときは、団体貸出として小学校の図書室にお送りすることもできます」

「ああ、それはありがたいです。その時になったら、よろしくお願いします」

「わかりました。ご連絡をいただくまでの間、これらの本は一応カウンターに取り置いておきます」

そう伝えると、大学生は席を立ち何冊か本を棚から取り、窓のそばの閲覧席に向かった。帰り際お礼をいわれ、図書館を出ていかれた。

海から吹く風に秋の気配が感じられる1日だった。

【主な使用資料】

1『平和図書館「戦争と平和」子ども文学館３』長崎源之助ほか編 日本図書センター １９９５年
※鈴木隆著『月見草と電話兵』収載。
2『きつねとつきみそう』こわせたまみ作 いもとようこ絵 金の星社 １９８１年
3『つきみそうのまつり』（とべないほたる３）小沢昭巳著 関重信絵 ハート出版 １９９８年
4『星になった月見草』あべしょうこ文・絵 ほるぷ出版 １９８３年
5『原色植物大図鑑』牧野富太郎著 北隆館 １９８２年
6『図説 花と樹の大事典』植物文化研究会編 柏書房 １９９６年
7『作品名から引ける日本児童文学全集案内』日外アソシエーツ ２００６年

「できることを丁寧に」

あるテーマを扱った作品などについての問い合わせは、キーワードが本のデータに含まれていなくて検索が困難だったり、所蔵しているのに見落としている可能性もあったりで、頭を悩ませる調査になることが多いようです。小中学生を対象にしたものだとテーマから本を調べられる『どの本で調べるか』シリーズ（リブリオ出版）などがあります。また、そのテーマに関連する本の参考文献に目を通していくことや、インターネットで愛好者さんたちの作った作品リストを参考にしていくのも有効な手段になると思います。今回の横道さんの調査のように、複数のキーワードを考えることや、目的に応じた検索サイトの利用など、１つ１つ丁寧に進めていくのが、こうした調査のツボかもしれません。

［ある日のあかね市立図書館②］館内整理日

あかね市立図書館では、毎月末に館内整理日を設けて休館しています。館内消毒や機械設備の保守点検、ワックスがけなどの施設管理に必要な作業を行うほか、職員は普段はできない書架の整理や清掃、統計、模様替え、会議など盛りだくさんにこなしていきます。読書の秋の行事の多い図書館では準備に忙しくなってくる時期なのです。

川波「書架整理は各パートとも終わったね。じゃあ、打ち合わせをしよう。各班長から報告してください」

石尾「一般書のフロアはこの秋の夜長に読みたいお勧め本のコーナーを作りました」

横道「あかね小学校ではＯＢの絵本作家を招待して、ＰＴＡ向けに講演会をするようなので、こちらもタイアップして、その作家の特設コーナーと配布リストを作成しました。チラシ作成は佐竹さんに手伝ってもらいました」

佐竹「図書館のマスコットキャラ、おつぼねちゃんのイラストを入れてみました」

川波「いい感じだね。うちの読書週間の行事の準備はどうなっているかな」

秋本「郷土史の連続講座と文化講演会は広報の準備が終わって、次号の市政だよりに掲載されます。今週末からポスター掲示を出す予定です」

川波「うん、案ができたら見せてください。……それにしても、このわらび餅は旨いね」

石尾「紫野公園のそばに新しい和菓子屋さんができたので買ってきました。このお店は黒蜜が美味しいですね」

川波「それから、選書会議もやっていたね。私は出席できなかったけど、何か気になることはあったかな」

横道「出版点数自体は多いんですけど、図書館として購入したい本となるとどうかなという本も多いように思いますね」

木崎「ティーンズ文庫に見えて実はＢＬという作品も多いですからね」

富士「BLって、何の略?」
木崎「ボーイズ・ラブの略ですよ」
秋本「BLって……図書館員的には大英図書館(British Library)のことなんだけど」
木崎「いや、秋本さん、いくら本庁にいっていたからって、それって思いっきりズレてますから!」
川波「ほかに何かあるかな。レファレンスで他の職員に伝えたい教訓とか」
横道「私が受けた月見草に関する児童書の調査ですが、今まで児童書をほとんど勉強してこなかったから、あれから特に基本的な絵本や読み物を毎日何冊か読むようにしています。それから東京スタジアムの事例もあったので、年配の方への配慮に気をつけるようにしています。年配の方は、インターネットをブラウズするのはしんどいと思うので、本や雑誌などの紙媒体は必要だと思うんです。また、資料を提供するだけでなく、それをご利用になるときに不便になりそうなことはないかという気配りもしなければいけないということも後で思いついて、反省しました」
川波「カウンターでもレファレンスでも、とにかくお客様の立場に立って、その場に合った最良の方法をとっていくことが本当に大事だなあ」
本宮「そういえば、ラオスの蒸留酒ラオラオの事例を調べたとき、ラオスに関する資料って少ないんだなあと思いました。アジアもアフリカも、幅広い蔵書をそろえるのが理想ではあるんですけど、もともと出版点数が少ないジャンルもあるし。今はインターネットがありますから、そういうwｅｂ上で得られる情報と組み合わせてうまく探していかないといけないなと思いました」
木崎「お土産のラオラオはもう飲んだの、どんな感じ?」
本宮「ラオラオっていう名前だけでも可愛いし、飲んでみたら美味しくて、とっても気に入りました。味はやっぱり沖縄の泡盛と似ているように思いました。何だかラオスにいってみたい気持ちになりました」
川波「うーん、いいなあ! さっそく1杯呑みたくなってきたな」
横道「今日はがんも亭で、泡盛で1杯といきますか」
木崎「おっ、泡盛で酒盛り?」

川波「座布団を取りあげろ！　さあ、他にはないかな」
木崎「ハイネモア号の調査は面白かったですね。横道さんのお蔭でクリーンヒットが打てた気分だったし。自分でもこの本を読んで面白かったですから。そういえば、船の墓場サルガッソー海とか、乗組員が忽然と消えた漂流船だとか、こういう話、私大好きだったんですよねー。今回の調査でも世界の謎とか怪談とかを発見して懐かしかったです。それに、この事例がきっかけで横道さんの探本戦隊レファレンジャー2代目の就任も決まったし」
伊予「僕はレファレンジャーなんてやりたくないので、横道さん、是非どうぞ」
木崎「仮面ライダーだって1号・2号が同時に登場しているんだから、いいじゃないですか。2人が力を合わせて、必殺ダブル・レファレンジャー・キーック！　とか。あ、でも伊予さんはしょっちゅう奈良とか道後温泉に遊びにいっちゃうから、2人で同時に登場して敵と戦うのは難しかったりして」
川波「はいはい、わかりました。ところで、探本戦隊レファレンジャーってどんな活動をするわけ？　読みたい本を探してくれるだけなの？　戦隊っていう以上は秘密結社と戦ったりするんだよね。セクシーな悪のお姉さんが敵役で登場するとか……」
石尾「はいそれまで。時間だわ。返却本を片付けにいきましょう」
全員「はーい」
（一同立ち上がる）

秋から冬　いろどりの章

――「ひと休み　窓に広がる　紅葉かな」

効果音を手作りするには

富士 のぶえ

「どんぐりころちゃん、あたまはとんがって、おしりはぺっちゃんこ、どんぐりはちくりしょ……」

児童コーナーのおはなしコーナーからわらべうたが聞こえてくる。今日はボランティアのKさんが来館して得意のわらべうたを指導してくださっている。

最近は親子でできる伝承遊びとしてわらべうたや手遊びが見直されている。

あかね市立図書館でも年1回「わらべうた講座」を開催しているがその講師がKさんだ。

「富士さん、ちょっと相談があるのですが……」

おはなし会が終わったところでKさんに声をかけられた。

「私が指導員をしている学童クラブのおたのしみ会で今度、劇をやるんですけど、劇の時の「効果音」ってどうやって作ったらいいんでしょうね。たとえば雨の音とか。今は効果音のCDがあったりインターネットでもダウンロードできるらしいけど、せっかくだから子どもたちと一緒に音も作りたいなあ、と思って」

さすが手作り感を大事にされるKさんらしい。

「効果音、ですか。波の音などは小豆《あずき》を使ってザザザっという音を作る、というのを聞いたことがありますが……」

「それ、私も聞いたことがあります。今考えている劇の内容からすると、とりあえず雨の音の作り方を知りたいのですが……」

まずキーワードに「効果音」と入れてOPACで蔵書検索してみる。ところがほとんどヒットしない。すぐに何か見つかるかな、と期待したのだが……。焦る気持ちを抑えて「そうですね。まず「演劇」の関係の棚を見てみましょうか」といって書架にご案内する。

児童コーナーの［7門］（芸術、美術）の棚で児童劇のあたりを見てみると『子どもと創る演劇』[1]の「舞台音響」という章に「雨の音をつくる─ある音とつくる音」の項目があった。冒頭に「CD屋さんにいって「雨の音」を探せばすぐに見つかりますが、あまり楽しくないし、なかなかピッタリ合った音がないこともよくあります」とある。なるほど。作り方としては、すのこ（小）をすべり台のように組み合わせて、お米、小豆、小砂利などを流すと「流し雨」といって雨が降り続いている音になる。また「雨うちわ」の作り方も出ている。焼き鳥屋さんが使うような大きなうちわにおもり（ボタンやビーズでもよい）を糸（釣り糸）でたくさんぶらさげて振るらしい。この本には録音のやり方も書かれていて親切だ。『小学生小さい劇のやりかたハンドブック』[2]を見るとこちらはさらに詳しく出ている。「効果」という章に、音響効果の中で実際の音をまねて作った音を「擬音」ということが説明されていて、さらに音の出し方を分かりやすく絵入りで紹介してある。「雨の音」については「しぶうちわの両面に豆を糸でつけ（中略）これを下むきにさげて、静かにふったり、平らにしてころがしたり、上下に、はやくふったりして（中略）、２本あると、もっと変化が出せます」とある。さっき話していた「波の音」はやなぎごおりなどに小豆をいっぱい入れて両手に持ち左右にかたむける、とある。

雨・風・波などのほかに動物や虫の鳴き声も載っており、劇の中で音楽を効果的に使う注意点も書かれていて多岐にわたっている。これはかなり役立ちそうだ。

ここまで見てきて「効果音」ではなく「音響」「擬音」というキーワードもつかめた。

とりあえず2冊の本をKさんに見ていただきながら、今度は「音響」で検索をすると『音を作る』[3]という本が一般書架にあることがわかった。カウンター当番を一時交代してもらい書架に取りにいく。101ページに「雨の音」という項目があった。昔から雨音を作るには「雨うちわ」と「雨どい」の2種類がありこれは2つとも歌舞伎の道具だった、とある。概要は児童コーナーの資料とほぼ同じだが、うちわにつける大豆はゆでてやわらかくしておき針に糸をつけ通す（確かに固い豆だと針も通らない！）、糸の長さは5センチくらい。豆の代わりにシャツのボタンやソロバンの玉でもよい、とある。これを垂直に持ってゆらすとパラパラと降り始めの雨や小雨の音になるらしい。「雨どい」のほうは「流し雨」と同じ作りで実際はこちらのほうがよく使われるらしい。流す材料は小豆よりお米のほうが水滴の感じがでていいらしい。大豆やそら豆を流すと雪崩の音になるとか。ちなみにハリウッド流は塩を流すらしい。ところ変われば材料も違うのだ。水たまりにピチャピチャ落ちる水滴はゆでたマカロニを洗面器の水に落として作り、水たまりに落ちる雨はシャワーを上向きにして落として作るということも載っている。雨はいろんな表情があるから音を作るのもなかなか難しいようだ。

児童コーナーに帰るとKさんから、「これなら子どもたちと一緒に作れそうなものもあって楽しそう。助かりました」といって児童書架の資料と『音を作る』も借りていかれた。「もう少し資料が見つかったらご連絡します」とお伝えする。

とりあえずクイック・レファレンスとしては対応できてよかった。

これまでの調査で音を人工的に作り出すことを「擬音」ということがわかったので辞典で確認してみよう。[4]『演劇百科大事典』第2巻を見ると、これにも「雨の音」の作り方が出ていた。ここでは「団《うち》扇《わ》雨《あめ》」となっているが同じもので、これを両手に1本ずつ持って2、3人でやると大雨の音も出せるそうだ。代表的な擬音のことも出ているし別刷図版（写真）もあるので分かりやすい。今度Kさんが来館された時に見ていただこう。

一般書架を探してみると[5]『職人ワザ！』という本が

見つかり「見えない音の描き方…効果音制作・南二郎」という章で音を作る職人さんのことが出ていた。

雨の音のことも出ているが雨うちわに鉛をつけてパラパラパラ、という「降り始めの音」を出すそうだ。今は録音技術も発達しているから生音を録音して流せばいいんじゃないか、と単純に思うがそういうものでもないらしい。どうしても雑音が入って使いものにならないこともあるらしい。奥が深いものなのだ。

私がいろいろ調べているのを見て、事務室で仲間が声をかけてくれた。伊予さんは、エオリアンハープの調査で「音」関係の資料にあたったこともあって、「音の作り方の方面だけでなく［424］（音響学）のあたりも見てみたらどうかな」とアドバイスをくれた。川波係長と横道さんは「擬音といえばゴジラやウルトラマンの怪獣の声も苦労したらしいよ。なんでもコントラバスを使ったりいろんな声を混ぜ合わせたり……」とそちらの話でどんどん盛り上がってしまった。今回は伊予さんのアドバイスが生かせそうだ。［7門］のあたりにばかり目を向けていたが見方を変えると広がりが出ることもある。

比較的新しい『音の百科事典』[6]を見ると「効果音」という項目があり種類・特性そして効果音の歴史も書かれている。また大きな鳥の羽音の作り方の写真もあり整然としていてわかりやすい内容だ。参考文献も列挙されており、始めにこれを見ていたら時間が短縮できたかもしれない。

後日、児童コーナーの当番になった時、もう一度資料にあたってみると、劇は劇でも「人形劇」の棚の『人形劇をはじめよう』[7]の「楽器と音の使い方」という項目に「効果音について」書かれていた。笛やシロホン、タンバリンなどの楽器を使って効果音を作るやり方だ。『あそびのレシピ』[8]という本には「雨音をつくる」というレシピがあってラップの芯や竹に石・米・豆などを入れて作るやり方（もともとチリのレインスティックという民族楽器らしい）が載っていた。イラストも描かれていて作るのも楽しそうだ。

また、ありがたいことに、市内の学校図書室に出張した伊予さんからは『完全図解 学級演劇大事典』[9]という資料の情報提供があった。あかね市立図書館では市内の学校と連携し定期的に連絡会を開いている。調べ学習の授業などで資料が必要な時、学校からの依頼を受け、団体貸出の準備をするなど、公共図書館として学校のバックアップをしているのだ。そして学校の図書室には蓄積された持ち味があり、公共図書館では持っていないような資料が見つかることがある。その『完全図解 学級演劇大事典』には72ページから10ページにわたって「いろいろな擬音をつくろう」という項目で、生活音・自然音・のりものの音・気象に関する音の作り方がまさに図解されていた。また擬音笛なるものが紹介されていて動物や小鳥、赤ちゃんの声を出せる笛の作り方もあってたいへん興味深い。

「富士さんの話から、お客様に必要なのは子どもの演劇関係の本かな、と思って探してみたんだよ」と伊予さん。

これならKさんの劇にもとても参考になりそうだ。この本のことをKさんに連絡するとさっそく来館された。

「このすきやきの音っていうのもおもしろいですね！　洗面器に水を入れ、加熱したアイロンの先をちょっと水面につける、とあるわ。ジャーッって鳴りますよね。劇にすきやきのシーンも入れてみようかな」楽しい劇ができそうだ。

今はCDなども豊富に出回り簡単に「音」も手に入るようになったけどこうやって場面に合わせて手作りで音が作れたら劇も生き生きしてきてほんとに「効果」的だ。なによりみんなが楽しいし。Kさんたちの劇、仕事の都合がついたら是非見せていただこう！

【主な使用資料】

1『子どもと創る演劇』太宰久夫編　玉川大学出版部　２００８年
2『小学生小さい劇のやりかたハンドブック』小さい劇の本編集委員会編　国土社　１９９１年
3『音を作るＴＶ・映画の音の秘密』木村哲人著　筑摩書房　１９９１年
4『演劇百科大事典』早稲田大学演劇博物館編　平凡社　１９６０年
5『職人ワザ！』いとうせいこう著　新潮社　２００５年
6『音の百科事典』音の百科事典編集委員会編　丸善　２００６年
7『人形劇をはじめよう 絵で語る人形劇セミナー 第1巻』川尻泰司著　玉川大学出版部　１９８２年
8『あそびのレシピ』鈴木洋子著　福音館書店　２００４年
9『完全図解 学級演劇大事典』東陽出版編集部編　東陽出版　１９９３年

「書かれた背景を考える」

手作りの効果音がどんなところで使われているかを考えることによって、演劇・芝居関係などから、さまざまな本が見つかりました。こういうテーマだったら、誰が必要としている情報か、誰が記録していそうな情報か、と思い浮かべるのが、この手の調査のツボ。例えば、放送業界の本よりは子どもたちを対象にした演劇の本に出ていそうだし、放送業界にしても今は効果音がデータ化されているだろうからひと昔前の回想録などのほうが出ているかも、と背景を考えられれば、求めている情報をより見つけやすくなると思います。

調査カード

質問要旨	雨の音など 劇の効果音を自分たちの手で作る方法を知りたい。(児童コーナーでの問い合わせ) (口答・電話・FAX・手紙・メール)

調査記録欄	所要[20 分]
例 探索方針▼調査経緯▼	・まずOPACでキーワードに「効果音」と入れて検索。 →ほとんどヒットせず(゜。) ・インタヴューするとおたのしみ会の劇でつかいたい，ということだったので直接児童劇関連の棚で探す。 →よさそうなものが2冊見つかった。 ①『子どもと創る演劇』 ②『小学生 小さい劇の作り方ハンドブック』 これらの中に雨の音などの作り方や注意点が具体的に出ており「音響」「擬音」というキーワードが見つかった。 ・「音響」「擬音」をキーワードにOPACで再検索 →一般書架にある③『音を作る』という本も見つかった。
回答要旨	①『子どもと創る演劇』太宰久夫編，玉川大学出版部，2008年 ②『小学生 小さい劇の作り方ハンドブック』小さい劇の本編集委員会編，国土社，1991年 ③『音を作る―TV・映画の音の秘密―』木村哲人著，筑摩書房，1991年 上記①②③を提供。
感想・備考	はじめ『効果音』というキーワードですぐ見つからず焦りましたがインタヴューすることで利用者の目的がつかめ児童劇の棚から適書が見つかりました。その本から新しいキーワードがつかめて資料提供の幅が広がりました。

飛び出すトースターについて知りたい

伊予 高史

あかね高校に勤めているY先生は図書館大好きの元気な女性で、学校の図書室などを使った調べる授業にも意欲的に取り組んでいる。あかね市立図書館にクラスの生徒を引率してきたこともたびたびある。様子を見ていると、なかなか大変そうだけど。

今日の夕方以降、Y先生は図書館にきて何か調べていたようだが、うまくいかなかったらしい。図書館のスタッフ一同とも顔なじみなので、事務室に立ち寄って「調べものって難しいね」とため息をついていた。

「差し支えなければ何を調べてたの」と、石尾さんが声をかける。

「トースター」

「ん、トースター。パンを焼くトースターのことかしら」

Y先生によると、クラスの生徒に調べてみたいことはないかって聞いたら、田舎のおばあちゃんの家に置いてあったポンって食パンが飛び出すトースターを調べたいという生徒がいて、別の生徒は懸賞で飛び出すトースターがあたったけれど飛び出す仕組みはわからないといい、でも飛び出すトースターを全然知らない生徒もいて話が盛り上がり「よし、これは調べる授業のテーマになりそうだ」と思ったのだそうだ。

「飛び出すトースターで焼いた食パンって、なぜか美味しそうだよね。それで調べもののテーマとして使えそうな感じだった」

「学校の図書室では、飛び出すトースターについてのちょうどいい本は見つからなくて、もちろん百科辞典なんかには小さな説明はあったけれど、図が出ていないとわかりにくいし、百科辞典だけで授業をするのは難しいよね。なにか授業を展開できそうなヒントはないかと、あかね市立図書館でトースターの本を調べていたっていうわけ」

石尾さんはバターをたっぷり塗ったトースト食べたいな、という世界にトリップしてしまっていたので、自分がアドバイスをすることにした。

「ローテクだから、調べにくいってケースかな」

「ローテクだから生徒にも仕組みがわかりやすくていいと思ったんだけど」

「ハイテクはみんなが興味あるから、例えばＩＣカードの仕組みとかは、最近刊行された技術の入門書にたいてい出ている。でも、新しい本だと一昔前の技術は、かえって説明してあることが少ないんだ。やや古めの本を調べていく手はあるけれど、飛び出すトースターなんかは中途半端にローテクだから、本に載りにくいのかもしれないな」

Ｙ先生は手元のファイルから、何種類かの事典類のコピーを取り出したので見せてもらう。百科辞典では「トースト」の項目で関連して触れているものもあったが、「トースター」という項目があったのは『世界大百科事典』[1]くらいだったそうだ。その内容を要約すると、欧米で一九〇〇年頃から電熱式のトースターが使われるようになった。一九三〇年に国産も開始され、初期のものは片面ずつ焼くものでターンオーバー型と称された。アメリカでは一九二六年からポップアップ型やウォーキング型が製造されていたが、これらの製品の国産は一九五五年で、パン食の普及にともない生産台数も増加。一九六五年にはオーブン型が発売され主流となる、といった内容。

「このポップアップ型っていうのが飛び出すトースターのことで、現在、よく見かけるのがオーブン型ってことかな。確かに図がないとわかりにくいね」

「そもそもトースターが出ている本を見つけるだけでもひと苦労。百科事典以外の参考図書もけっこう調べたんだけど……」

「伊予さん、閉館まで時間がないけど探してみたら」と石尾さん。

「いいよ。確か、戦後の家電製品の変遷を書いた本は何冊か見かけたことあるし、[5門](技術・工学)電気[54]と生活科学[59]の書架で本をめくっていると、『家電製品にみる暮らしの戦後史』[2]のところだけでも簡単に調べてこようか」と事務室を後にした。

にトースターの変遷が出ていて、ポップアップ式も含めたいくつかのトースターの説明と写真があった。機械の仕組みは書いていないけど、読みやすいし当時の値段なども書いてある。ちなみに、一九五六年の「暮しの手帳」で編集長・花森安治氏は、魚焼網と同じものがあればよいというトースター無用論を唱えたそうだ。

続いて『にっぽん電化史』[3]には「トースター」の項目で約3ページにわたって解説されていた。時間がくると食パンが飛び出すポップアップトースターは「日本では一九六五年に松下電器がナショナルトースターを発売して本格的な普及時代に入った」のだそうだ。同じ棚に並んでいた『家電今昔物語』[4]は、東芝で製品開発などに携わっていた山田正吾氏への聞き書きをメインとした本。戦後の家電製品に関する章にてトースターの開発事情などが紹介されている。先ほどのトースター無用論の花森氏に対して、山田氏が反論したエピソードも語られている。

何気なく手にした『家電製品がわかる1』[5]も正解。「アインシュタインの冷蔵庫」という副書名や、日本化学会の編集ということでさほど期待していなかったのだが、第6章「トースター」にて、ポップアップトースターの機能とこだわり、パンが飛び出す仕組みなどが、イラスト入りで説明されていた。タイマーが切れると電磁石に電流が流れなくなり、磁力がなくなって金属プレートが上がり、パンが飛び出すのだそうだ。

さらに技術史［502］の書架も見ておくことにする。『国産はじめて物語 Part2』[6]では、東芝の

技術者・望月武夫氏の回想を交えたトースターの開発史が出ていた。望月氏によると、自然の水のうねりからアイデアを得てポップアップトースターのバネの力をコントロールできるようになったのだそうだ。時間があれば家電メーカー各社に関する資料を調べてみるのも有効かもしれない。また[7]『ポピュラーサイエンスの時代』には「香ばしい家庭制度 トースター」という項目で、二十世紀前半のアメリカでのトースターの変遷がまとめられていた。こういった情報も調査の肉付けにはなるだろう。第一段階の調査としては、こんなものかな。

　事務室に戻ったら石尾さんは席をはずしていて、木崎さんが「私、子どもの頃は、トーストに砂糖を塗ったのがホットケーキだと思っていたんだ」とY先生を相手に無駄話をしていた。

　よいしょっとY先生の前の机に、これまで見てきた本を積みあげる。

「こんなにあったの。見つけられなかった自分が悔しいな」とY先生は本をめくる。「授業のテーマにできるかも。とくに『家電製品がわかる1』は仕組みがわかりやすくて生徒も理解しやすそう」

「だけど『家電製品がわかる1』は、トースターの変遷があまり出ていないから、何冊か組み合わせる形で使うのがいいかもね。今、持ってきた本は技術関係のものが多いけれど、昭和三十・四十年代頃に普及していったようだから、その頃の台所や家庭事情の本なんかもビジュアルな本が多いし調べておくといいよ。何冊かあったはずだから、ついでに書架を見てきたんだけど、残念ながら貸出中のものが多かった」

　閉館の案内が放送される中、石尾さんも数冊の本を手に事務室に戻ってきた。

「伊予さんが一般書の技術関係を中心に調べたみたいだから、私は児童書にあたってきました。トースターを扱っている本はほとんどなかったんだけど、『1000の発明・発見図鑑』[8]には「飛び出しトースター」が載っていたよ。一九一九年にアメリカの発明家チャールズ・ストライトが特許をとって、一九二六年に発売されたそうです。それから『道具と機械の本：新版』[9]にはトースターの仕組みについて「トーストが焼き上がると、タイミング機構がヒーターのスイッチを切ります。電磁石が働いてつめがはずれると、棚はばね仕掛けで上がってきます」だって。デフォルメしたイラストも面白いよ。伊予さんが持ってきた本とは少し感じが違うのは、この2冊が翻訳書だからかも。

あとは、この『世界が見えてくる身近なもののはじまり1 パン』[10]かな」

机に広げられた大判の児童書には「戦後、電気トースターが大ヒット！」という見開きのページがあり、大正時代に作られたガストースターなど、これまでの本では見かけなかった事柄も出ているし、日本での電気トースター製造の歴史もよくまとめられている。数点のトースターの写真もカラーでわかりやすい。

「それにしても石尾さんは、トースターのことを調べていたのに、よくパンの本を手に取れますね」

と感心するY先生。

「うん、パンの歴史や食文化なんかを扱った本には、パンの食べ方の変遷とか、トースターなんかも出ていると思ったわけ。食パンはとくにトースターと関係あるよね。その本の巻末の参考文献からも、もう少し調べられるかも」

「たぶん、おいしそうなトーストのことを考えていて、パンの本に結びつけたんだ」とひやかしたがスルーされた。

Y先生は、机の上の何冊かの本を眺めてつぶやく。

「こういう柔軟な発想を生徒に知ってもらいたいんだ。トースターのことを調べていて、直接、トースターの本がなくても、どうにかこうにかして対応してしまえるような。高校生くらいだと専門的に掘り下げて調べるのは難しいから、広くいろんな方向から物事を見られる力とか、情報を組み合わせて理解するコツとか、図書館を使ってもっと伝えていきたいんだけどうまくいかないのよね。調べる行為って楽しいんだけどな」

その時、閉館の点検を終えた横道さんがエプロンをはたきながら事務室に入ってきた。机の上の本を見て「ひょっとして、飛び出すトースターを調べていたの」と口にする。

「そうだけど、どうして」

「何日か前、高校生が3、4人たずねてきて、飛び出すトースターについて相談を受けたから、調べ方をアドバイスしたんだ。その時、僕が高校生と一緒に見た本と何冊か同じものがあったから、関連があるのかなと思ったんだけど。なんでも、飛び出すトースターがクラスの話題になり、面白そうだから調べてみようって図書館にきたんだって。その高校生たちは、机の上にあるような本だけでなく、パンの本や、昭和の生活史の本、事物起源の本、企業の本なんかも調べていった。何冊か貸出中になっているはずだよ。昔の新聞広告なんかもコピーしていたみたいだし。楽しそうだったな」

【主な使用資料】

1『世界大百科事典 20：改訂新版』平凡社 2007年
2『家電製品にみる暮らしの戦後史』久保道正編 ミリオン書房 1991年
3『にっぽん電化史』日本電気協会新聞部 2005年
4『家電今昔物語』山田正吾・森彰英著 三省堂 1983年
5『家電製品がわかる 1 アインシュタインの冷蔵庫』（化学のはたらきシリーズ1）日本化学会企画・編集 東京書籍 2008年
6『国産はじめて物語 Part 2〈1950〜70年代編〉』ナナ・コーポレート・コミュニケーション 2004年
7『ポピュラーサイエンスの時代 20世紀の暮らしと科学』原克著 柏書房 2006年
8『1000の発明・発見図鑑』丸善 2003年
9『道具と機械の本 てこからコンピューターまで：新版』岩波書店 1999年
10『世界が見えてくる身近なもののはじまり 1 パン』PHP研究所 2000年

「ルートはたくさん」

伊予さんは飛び出すトースターが古い技術であることに注目して家電製品の変遷の本を調べ、石尾さんは食パンとの関連に注目してパンを取りあげている児童書を調べ、それぞれわかりやすく仕組みが出ている記述を見つけています。どちらが正解で不正解ということではありませんし、図書館の中には他にもトースターの記述が出ている本はたくさんあると思います。まず自分の関心に沿った調べ方をして、行き詰まった時や別な視点からも調べたい場合、自分なりのルートを切り開いてみては。どういうルートを使って、どういう情報にたどり着くか。それこそ飛び出す発想を大切に楽しんで調べてみてください。

現代画家の作品の値段を調べるには

秋本 尚美

調査に利用した資料を書架に戻しにいくと、画集を広げているお客様に呼び止められた。現代画家の作品を調べるのに、『現代日本美術全集』（集英社）と『原色現代日本の美術』（小学館）を見たけれど、載っているのは有名な人ばかりで、目あての人の絵画は出ていない。他にどんな本を見たらよいかとたずねられた。調べたいのは、若い日本人画家らしい。お客様がご覧になった美術全集はどちらも一九七〇～八〇年にかけて出版されたものなので、最近の画家の作品は載っていない。また全集に収録される画家は評価が定まった人が多いので、新進の画家が載っている可能性は少ない。美術全集よりは、個人の画集や展覧会の図録のようなものを調べたほうがよいとお話し、お手伝いすることにした。

画家の名前をうかがって検索してみると、二〇〇四年に画集が出版されていることがわかり、幸い県立の図書館で所蔵していた。取り寄せに数日かかる旨お話しすると、その画集には、画家の履歴のほかに、作品の解説や値段も載っているのかと聞かれた。実際に画集を見てみないとわからないが、略歴と解説はあると思うけど、価格は販売目録ではないので載ってないかもとお話しすると、がっかりしたご様子。「?」と思いおたずねすると、できれば作品の値段が知りたいとのこと。

なんでも、親しい友人から新築祝いに現代絵画を頂いたのだが、その絵の価値がわからず、お返しの品を選ぶのに困っている。絵の価値がわかるような情報を調べに図書館にきてみたのだが、うまく探せず、通りかかった私に声をかけたらしい。およそでもいいので、価格がわかると助かるとのこと。友人は数年前にその現代絵画を購入したらしいのでその当時の価格も知りたい。役立つ情報が探せるかどうか、調べてみないとわからないので、今日の午後、調査できたことをご連絡することにした。

最近の画家だと、うちにある辞典類には載っていない可能性が高いので〈Google〉で画家の画歴を調べるのが早道よね。検索すると、すぐに本人のオフィシャルサイトが見つかった。一九九〇年に美大を卒業して、最初の個展は一九九七年とある。そうだとすると、作品が市場に出るようになったのは、ここ10年とちょっとかな。お友達が購入された正確な年月は不明だけれど、10年分遡って調べれば、だいたいの価格がわかるはず。次は、美術関係の参考図書の調査ね。個人の作品の価格が載っている参考図書を、前に書架で見たような気がするけど、なにせ5年以上前の記憶、かなりあやしい。ともかく調査開始。数値が変動するものは「年鑑を見るべし」と。価格も数値ね。

参考図書コーナーで、最新の『美術年鑑』[1]を手に取ると、履歴・賞歴と一緒に絵画のサイズを示す1号単位の価格が載っていた。該当画家の作品は1号9万円。現代絵画でこの価格は高いのかな?

隣の人は9万3千円。ちなみに日本画の巨匠、平山郁夫画伯は1号800万円。うわ―クラクラする。

1号の大きさを調べてみると、号数とは油絵用の木枠のサイズを表しているらしい。『洋画を学ぶ』[3]

によれば、木枠の標準規格品は、０号から１２０号まであり、号数が増えるに従って、寸法も大きくなる。各号数とも縦と横の長さの比率によりＦ（人物型）・Ｐ（風景型）・Ｍ（海景型）と3種類ある。画廊・画商のホームページには、〈絵画基準寸法表〉という一覧を載せている。1号のサイズはＦ型22・1×16・6㎝、Ｐ型22・1×13・9㎝、Ｍ型22・1×11・8㎝（ミリの単位を切り上げて表示しているものもある）。０号Ｆ型で、往復はがきとほぼ同じ大きさ。木枠のない日本画も、1号単位の価格が『美術年鑑』に載っていて、不思議に思っていたら、画廊のホームページに「今日の日本画は、公募展出品作などの特殊なサイズを除いて、洋画と同じく絵の大きさを「号数」で表示しています」とある。なるほど。『美術年鑑』の過去10年分を調べるために書庫にいき、平成十九年度から1冊ずつ遡って見てみた。平成十九年度が1号8万5千円。平成十八年には掲載がなく、念のため、平成十五年まで見てみるがやはり掲載がない。現在わかっているのは、平成二十年度が1号9万、平成十九年度が8万5千円。1年間で5千円アップ。『美術年鑑』の「刊行のことば」には「傑作」を評価価格として載せているとあるけれど、傑作

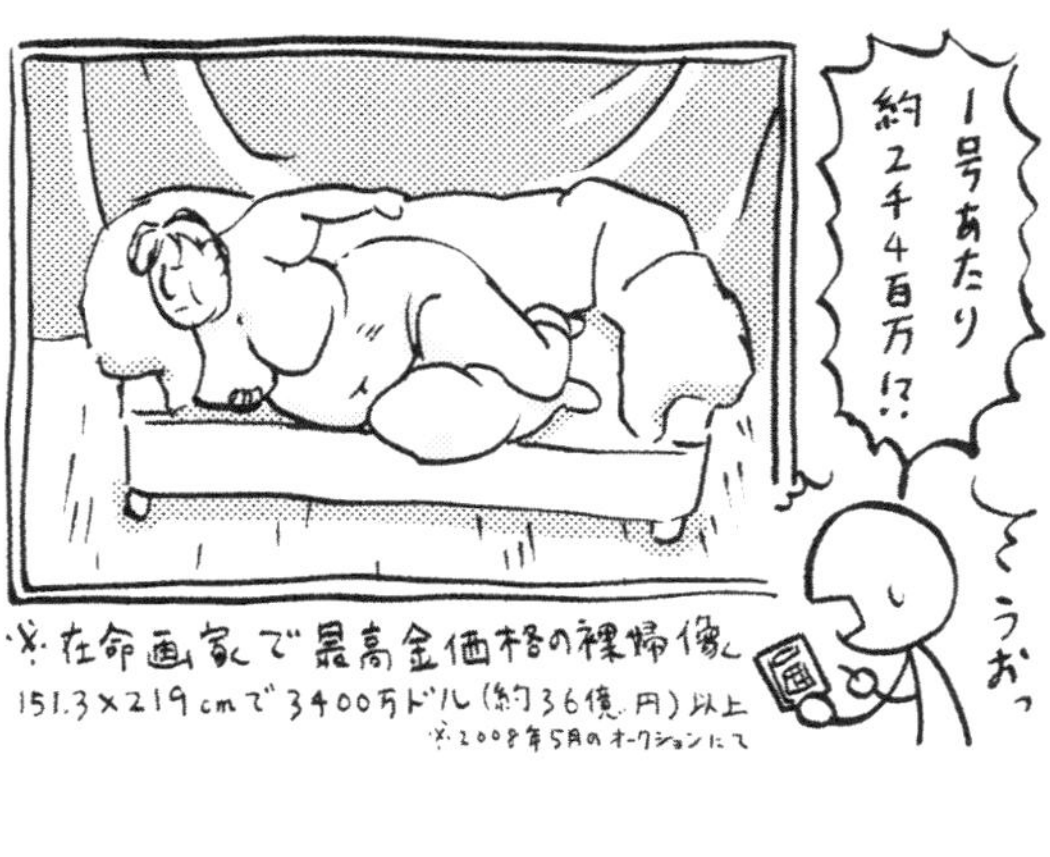
1号あたり
約2千4百万!?
うおっ
※在命画家で最高金価格の裸婦像
151.3×219cmで3400万ドル(約36億円)以上
※2008年5月のオークションにて

とそうじゃない作品とどのくらい価格差があるものかしら？
傑作の価格だけでは、調査としては不十分よね。やっぱり標準価格も調べておきたい。でもうちには美術関係の年鑑は他に所蔵がなく、その他の参考図書も見てみるが、価格が載っている資料は見つからない。「画家」「価格」「年鑑」のキーワードを組み合わせて蔵書検索してみるがヒットしない。

さてさて、後は何を探せばいいのかな。

そうだ、アカネさんならこの画家のことを知っているかも。デパートの現代絵画展にも出かけているみたいだし。さっそくアカネさんの出勤日を確認すると、今週はお休み。鳥羽の水族館にオウムガイを見にいっているらしい。他力本願見事に粉砕。やっぱり自力で調べるしかないか。

東京都立図書館のＯＰＡＣは内容注記の検索ができるのでトライしてみると、『現代画家番附』（美術倶楽部）が見つかる。「標準価格付」とあるので、一瞬期待するが一九四一年刊。あらら。次に、〈Webcat Plus〉を検索すると、[2]『美術市場』という年鑑がヒットした。

詳細情報を見ると「画商、美術商が扱う市場性のある日本画家と洋画家の標準発表価格を明示」とある。これ使える！　試しにうちのＯＰＡＣで蔵書検索してみると、なぜか二〇〇五年版だけ所蔵していた。現物を確認すると、こちらは標準発表価格で1号5万円。『美術市場』は寄贈された資料のようで、前後の年度の所蔵がない。

『美術市場』のうちに所蔵がない年度の調査を、県内の大規模図書館にお願いし、待っている間に、最近の絵画取り引きについてインターネットで調べてみた。

すぐに個展を開いていた画廊のホームページが見つかり、当該画家の絵画の写真を掲載していた。お客様のおっしゃるとおり絵本の原画のような作品で、小品が多い。残念ながらほとんどの作品が売約済みで値段がわからない。唯一価格がわかる作品は3号で31万円。サイト内容から二〇〇六年もしくは二〇〇七年くらいの価格だろうと思われるが、正確なところは不明。

調査依頼をしてから、1時間もしないうちに回答が届いた。頼れるネットワーク。もうすぐお昼だから、午後一番で、お客様に連絡してみよう。今日はなんだか甘いものが食べたいな。ランチセットにデザートつけちゃおう。そのかわり夜のビールは我慢しようなんて考えていたら、本宮さんに声をかけられた。

「秋本さん、お昼ご一緒させてもらっていいですか。今日お弁当作れなかったので」

「もちろん大歓迎よ。昨日の帰り、川波係長に捕まったんでしょ。飲みにいく相手探していたもの。今日は花屋の角に新しくできたイタリアンにいこうと思っているけどどいい？　2人ならピザが食べられるし、デザートご馳走するわ」

「ハイ。ピザ大好きです」

デザートのパンナコッタを食べながら、午前中の調査の経緯を本宮さんに話した。

「現代絵画の値段なんて、図書館で調べられるんですか？　流行の鑑定番組を観ると、価格って人気によって変動するみたいですね。それに鑑定している人はみんな鑑定歴ウン十年という人ばかりですけど……」

「もちろん正確な価格はムリよ。でも、相場ならなんとか調べられるの。本宮さん、『美術年鑑』とか『美術市場』っていう本見たことある?」

「『美術年鑑』はありますけど、『美術市場』は知らないです」

「そうよね、『美術市場』は私も知らなかったもの。うちは二〇〇五年版だけ所蔵しているの。資料としては、『美術年鑑』に似ているんだけど、『美術市場』は現代作家の日本画家・洋画家が主で、『美術年鑑』のように彫刻・工芸・書の人たちは載っていない。それから、「標準発表価格」を載せているのが違いかな。今回の絵画は数年前に購入したものだから、過去の価格も調べる必要があったわけ」

「その画家の評価価格は、かなり変動しているんですか?」

「変動幅は大きくないわ。『美術年鑑』は調査のとおりだし、調査依頼した図書館からの回答によると、『美術市場』は二〇〇三年版に初めて掲載があって、その時の価格は1号4万5千円。こちらもそれ以前の情報はなし。それから二〇〇四年版では、1号5万円になって、二〇〇八年版の現在まで価格の変動なし。でも、画廊の売り値を見る限り、標準発表価格というより傑作の価格に相当しているわ」

「お客様がお持ちの作品は大作なんですか?」

「いいえ、10号に満たないものらしいの。私がインターネットで見た作品もみんな大きくなかったもの。『美術市場』は10号を基準に1号の価格を設定しているから、10号に満たないと、1号あたりの価格は現在の5万円よりは若干高いものになるようね」

「やっぱり原画は高いですね、手が出ません」
「ほんとね。でも、絵画に限らず美術品の価格調査は難しいわ。うちには資料が少ないし、それに今日の人は現代画家だからよかったけど、昔の人で50年前に購入したものだったりすると、価格だけじゃなくて当時の貨幣価値とかも調べなくちゃいけないもの」

午後一番で、お客様に連絡した。絵画の価格（標準価格・傑作の価格・画廊の価格）をご案内すると、それなりの金額になるのでやはり驚いていらした。また、他の作品も見たいと希望されていたので、県立の図書館に貸借依頼した画集が届くのが2日後だとお知らせして、一件落着。

調べついでに、私の好きな日本画家「堀川えい子」の価格も見てみた。『美術年鑑』二〇〇八年版には、履歴や賞歴は載っていたが、評価価格は載っていない。よく見てみると、作家のすべてに評価価格が載っているわけではないみたい。評価価格の掲載の有無に基準があるのかもしれないと思って、ページをいろいろめくってみたけれど、見つからない。『美術市場』二〇〇五年版も見てみると、こちらには価格が載っていた。1号10万円。きゃー高い！　やっぱり私には手が出ないお値段。仕方ない、当面は友達から送られた「さくらめーる」を飾って我慢しよう。私が最初に堀川えい子さんの絵を見たのは、この「さくらめーる」なのよね。それから画集を買って……。

そうだ！　もしかしたら、この間買ったオータムジャンボ宝くじがあたるかも。神様、2億円なんてぜいたくはいいません。せめて１００万円……」

後日価格の掲載の有無について、『美術年鑑』発行元の美術年鑑社に問い合わせしてみた。回答は、明確な基準が存在するわけではないが、本人の希望で載せていない場合や、評価価格が著しく変動しているような場合には掲載していないとのことだった。また、その旨の注記はしていないという。図書館員としては、注記しておいて欲しいところよね。でもまぁ今回は、運がよかったってことかしら。

【主な使用資料】

1『美術年鑑』平成19～20年版 美術年鑑社 2007～08年
2『美術市場』2003～2008年版 美術新星社 2003～08年
3『洋画を学ぶ 1』角川書店（美と創作シリーズ） 1998年

「蓄積を生かそう」

最新の価格だったらインターネットなどでもある程度は見当がつきます。しかし、知りたいのは数年前の価格というのが調査のポイント。図書館では雑誌や年鑑類を蓄積しているので過去に遡って調べていけます。古いものは書庫に別置したり、スペースの都合で破棄してしまうこともありますが、今回のようにバックナンバーを所蔵している図書館と協力して調べていくことも可能です。『美術年鑑』は美術作品の価格が掲載されている定番の参考図書ですが、それ以外にもこの質問に適した本はないかと調査を進めたことによって、回答に奥行きを持たせることができました。

ワインを初めて飲んだ日本人は誰か

川波 太郎

カウンターを本宮さんと交替して立ち上がった。窓の外では秋色が深まり、裏手の山の木々も赤みが濃くなってきた。

こういう秋の夜長には高尚な古典文学などを紐解くのも趣が深いが、煮込んだおでんと熱燗《あつかん》などを賞味するのも風情があると思われる。そうだそうだ、今日は駅前横丁の「がんも亭」に寄っていこう。どうせ暇だろうから、定時あがり組の木崎さんと横道さんも誘っていこう。「がんも亭」のおでんはおつゆが浸みて絶品だからな。お酒は「大七《だいしち》」が合うなあ、でも珍しい酒が出ていたらそっちのほうが……と妄想が暴走を始め、いやいやこれはいかんと気を取り直す。

事務室へ戻る前に返却本を片付けていると大学生のＨ君がやってきた。

「川波さん、こんにちは！」

「やあ、こんにちは。久しぶりだね、今日は調べものかい？」

Ｈ君は小学生のときからあかね市立図書館に通ってくれている常連さんだ。古株の図書館員たちとはすっかり顔馴染みなのである。

「うーん、実はこの頃、彼女がワインに凝り始めちゃって。近頃人気のワイン漫画の影響らしいんだけど、俺、全然詳しくないから。せめて彼女が知らなそうなワインの蘊蓄《うんちく》とかを語れたら、ポイントが稼げるかな～と。川波さんはお酒が大好きだから、教えてもらおうかなと思ったんだけど」

「失礼だな、私は、お酒が大好きな男じゃないぞ。……まあ、確かに、嫌いではないけど」（それから、と私は心の中でつけ加える。私はワインだけでなく、あらゆるお酒類を平等に深く愛する男なのであるぞ、と）

「まあ、それはそれとして、何を調べたいんだい」

「うーん、彼女はボルドーだとか有名なワインは漫画のおかげでけっこう詳しいみたいで、そっちの方面だと太刀打ちできないと思うんだ。彼女は日本史専攻だし、ワインを初めて飲んだ日本人は誰か、なんてどうかな。できたら、どんなワインだったのかがわかれば、もっといいなあ」

「そうか、そういう動機なら、自分で実際に調べたほうがずっと効果的じゃないの？　私が手伝うから、一緒に探してみようよ」

「そうだね。やってみたいな」

　さて、どうやって進めようか。お酒や飲食の歴史、事始めの事典の類もある。いろいろなアプローチが考えられ、簡単なように見えて案外難しい。

「何しろテーマが広いから、入り口で整理してから進めるほうがいいだろうね」
[1]『日本大百科全書』を索引から調べると、24巻の「ワイン」の項に、わが国に初めてワインが入って

きたのは十六世紀の中頃であること、安土桃山時代に南蛮貿易によりフランシスコ・ザビエルが今の山口県付近の領主大内義隆に珍陀酒《チンタ》（vinho-tinto、赤ブドウ酒）を献上した記録があることが書かれていた。

「最初にワインを飲んだのは大内義隆ってことだね。でもこれだけじゃ、蘊蓄は語れないな」

「あとでこの資料の裏づけを取ろうよ。それから、これがワイン伝来の最古の記録だとしても、初めて飲んだ日本人が大内義隆とは限らないだろう？　ワインは紀元前から飲まれていたお酒だし、海外へ渡航した日本人が飲んでいた記録も見つかるかもしれないよ。もう少し広く探していこう」

次に『国史大辞典』[2]の「事項索引」の巻で「ブドウ酒」を引いて、第6巻「酒」の項に「江戸時代に南蛮人・紅毛人の渡来とともに入ってきた酒としては、ブドウ酒・チンタ・ハアサ・ニッハ・阿刺吉《アラキ》・マサキなどがある。（略）チンタは葡萄で造り、ブドウ酒の一種である。ハアサも葡萄と焼酎で造る。ニッハは焼かえしの焼酎で、阿刺吉・マサキは焼酎に……」とあった。

「このチンタはさっきの珍陀酒と同じだね。でも、ブドウ酒の一種であるって……ワインそのものじゃないのかな」

「南蛮渡来の酒にはブドウ酒だけでなく焼酎類も混ざっているみたいだね」

「真剣に探すとけっこう大変になりそうだね」

うーん、焼酎の伝来も書いてある。そういえば夏にはラオスの焼酎を調べるというレファレンスを本宮さんが受けていたなあ。酒好きの自分としてはそちらの方面も調べたいが、脇道に逸《そ》れてしまう。

ここはぐっと我慢して仕事に戻ろう。

「食物史やお酒の棚も見てみよう。ここの分類番号でいうと［383］（衣食住の習俗）、それから［588］（食品工業）や［596］（食品、料理）あたりの棚だよ」

『事物起源辞典』[3]を調べると、葡萄酒の項に「日本人がはじめてぶどう酒に接したのは室町末期天文十二年（一五四三）、ポルトガル船が九州種子島に漂着してからのようであること、チンタとはポルトガル語ビニョ・チント（赤ぶどう酒）に由来する言葉であることのほか、「『古事記』に山ぶどうに関する記事がでてくるので、あるいは山間の田舎では、すでにそれ以前から、本格的にぶどうを自然発酵させた酒があったかもしれない」とあった。

「そうか、自生のブドウがあれば、酒を造っていたかもしれないんだね」

同様に『酒の事典』[4]を調べると、『日本書紀』に果実を原料とした酒があったらしい記述が載っていること、これ以後わが国には果実酒を醸《かも》したという記録はないこと、欧州種のブドウ自体は中国留学の僧侶によって日本に持ち帰られていることが書かれていた。

次に『日本のワイン』[5]を見ると、かなり詳しい記述が載っていた。縄文人がワインを造って飲んだという説を紹介し、しかしその説には無理があること、信長が宣教師にもらって初めて飲んだという説は怪しいことなどを紹介しているほか、室町時代の一四三五年頃『看聞御記《かんもんぎょき》』の中で「唐酒《からざけ》」を飲んだという記述を紹介し、「どんなお酒かわからないが、甘くて色が黒いというのだから紹興酒かあるいはポートワインのようなものだったかもしれない。（中略）文正元年（一四六六）の『蔭涼軒日[7]《いんりょうけんにち》

録《ろく》』の中にも南蛮酒を飲んだと書いてあるが、これはどうもワインくさい。かなり確かなのは文明十五年（一四八三）の『[8]後法興院記《ごほうこういんき》』に、関白近衛家の人が唐酒を飲んだとあり「チンタ」になっているから、これはまさしくスペインかポルトガルの赤ワインである」としている。

「おっと宣教師による伝来じゃない新説を発見！　一四八三年だったら、大内義隆より古い話だね」

同じ棚にあった『ワインの愉しみ』[6]にもさまざまな歴史的エピソードが出てくる。この著者は日本のワイン醸造家らしく技術的な話も書いてある。『ワインの愉しみ』の作者は、中国ではすでに六四〇年、唐の2代目皇帝太宗が西域への遠征で持ち帰った葡萄を長安に植えてワインが造られたこと、唐詩の世界でもワインを飲んでいた様子が書かれていることから、遣唐使たちがワインや葡萄を持ち帰っても不思議ではないとしている。しかし、小見出しに「伝来私論」とあるように、これらは著者の推測の段階のようだ。さらに119ページにはザビエルが「薩摩の守護職、島津貴久に謁見を許され、大時計、望遠鏡、刺繍の敷物、ガラスの絵皿、ワイングラスなどとともに、ガラス瓶に入った「赤い酒」つまりvinho tintoを献上した」とあり、島津貴久に献上したことになっている。また「それより百年以上前の一四〇八年にも、現在の福井県の若狭湾に南蛮船が寄港し、日本国王への進物があったことも記されている。この「進物」の中にワインらしいものは含まれていないが（中略）来航した南蛮人たちとの交流の中で、すでに西洋のワインを飲んだ日本人がいたかもしれない」とある。

「ザビエルがワインを贈ったのは大内義隆じゃなくて島津貴久が先なの？　それに遣唐使に福井県の南蛮船かあ。読めば読むほどいろんな説が出てくるから、わからなくなってきたよ」

「証拠がなくて推測の部分も多いね。少なくとも、証拠が確実にあるのはフランシスコ・ザビエルの献上品だから、島津貴久と大内義隆はどちらが先だったかだけでも確定しよう。それから、『日本のワイン』で紹介されていたように、チンタを飲んだ記録が『後法興院記』に出ているなら、ザビエルより先に赤ワインが伝来していたといえるだろうね。それも確かめよう。『蔭凉軒日録』も『後法興院記』も室町時代の僧侶や公家の日記なんだ。『続史料大成』に収録されてウチの館でも所蔵しているから、中身を確認できるよ」

「難しそうだなあ。おっと、もうバイトの時間だ。悪いけど、川波さん、明日またくるよ」

H君が帰った後、カウンターの合間に少しずつ『蔭凉軒日録』や『後法興院記』にあたってみる。『蔭凉軒日録』には確かに「南蕃酒」は出てくるが、前後の記述を見てもワインであったか特定できない。次に『後法興院記』を調べるが、「カラサケ」はあっても「チンタ」の名は発見できなかった。漢文だし、何月の記述かわからず、じっくり全部読んだわけではないので読み飛ばしたかもしれないが、出版物の記述が正しいとは限らないと感じた事例がこれまでいくつもあったように、『日本のワイン』の著者の勘違いなのかもしれない。

次に、ザビエルが献上したのは大内氏か島津氏か、また、献上品を実際に飲んだのかどうかを確かめてみよう。ザビエル関係の文献にあたると、大内義隆より先に島津氏のもとで布教を開始したのは確かなようだが、島津氏にチンタを献上したという記述は見あたらなかった。一方、大内義隆について、『大内義隆』[9]を見ると、ザビエルから贈られた品々の中には確かに「ポルトガル酒」があったようだが、贈られたポルトガル酒を大内義隆が賞味したかどうかは書かれていない。そもそも日本側のキリシタン関係史料は後年の禁教によって徹底的に隠滅されたためほとんど残っていないようだが、いずれにせよ初めてワインを飲んだ日本人が大内義隆とまでは確定できなかった。

さらに［３８３］（衣食住の習俗）の棚に戻り、ここで発見した藤本義一著の[10]『定本洋酒伝来』を見てみると、いきなり冒頭から、先ほどの『日本のワイン』の記述をさらに詳しくしたような記述があった。まずは『蔭凉軒日録』については「南蕃酒の小樽」という記述が一四六六年八月一日に出てくること、琉球の正使が持ってきたらしいこと、この南蛮酒は、阿剌吉酒か珍陀か、いずれであるか明らかではないことが書いてある。

自分の世代で藤本義一といえば、深夜番組「11ＰＭ」の司会者でもある作家の方が思い浮かぶが、こちらの藤本義一はサントリーに勧めていた方らしく、洋酒についてものすごく博学な方のようである。『後法興院記』については一四八三年四月十六日に僧形の禅閣という人が、手みやげにカラサケ（唐酒）などを持参したことが書いてあるが、やはり『日本のワイン』で書かれているとされたチンタという言葉は出ていないので、『日本のワイン』の勘違いであろうと思われる。

さらに一四〇八年、若狭の小浜へきた南蛮船は、スマトラの華僑のものらしい。これは先ほどの若狭湾の南蛮船のことであろう。また、当時の南蛮貿易は中国人が掌握し、「長い間の航海にも品質の変わらないもの、焼酎、阿剌吉酒、珍陀などが好適であった」とある。要するにザビエル以前にも南蛮船が運んできた酒はあったし、その中にはワインも入っていたかもしれないが、特定はできないというところか。

さらに凄いぞ、『定本洋酒伝来』。ザビエルの渡来もきちんと整理してくれている。ザビエルは一五四九年に鹿児島に上陸、島津貴久に謁見して布教開始、さらに山口で大内義隆に謁見しているが、大内義隆に南蛮酒を含む13の品を贈ったのは2度目に山口へ赴いたときであるから、記録上は初めてワインをもらったのはやはり大内義隆のようである。また、ポルトガルのワイン（ポートワイン）といっても、当時は甘いポートワインはまだ発明されていなかったらしく、ザビエルが献上したポルトガルのブドウ酒は甘くなかったこと、信長とは会っていないこと、フロイスの記録と混同されているらしいことがわかる。うーん、義一、ありがとう。

翌日の夕方にH君がやってきた。これまでの調査結果を示す。

「ありがとう川波さん。何となくわかったよ」

「ザビエル以前にも南蛮船は日本にきていたし、唐の時代に中国でワインが造られていたんだから、証拠はないけど、遣唐使の阿倍仲麻呂が賞味したかも、と想像するのは楽しいけどね。それから、見てよ、H君。ザビエルの日記等を見ていくと、そもそもザビエルはマラッカで日本人・ヤジローと接触し、彼の話から日本いきを決めて一緒に渡海してきたんだ。日本人ヤジローとその従者らは、ザビエル渡来前にマラッカで洗礼を受けて、ザビエルと一緒に生活しているんだから、ヤジローもマラッカでワインを飲んでいると思うなあ。これも状況証拠だけどね。日本人飲酒者第1号はわからなかったけど、遣唐使の時代を洗ったり、南蛮船渡来の記録を探せば新しい発見があるかもしれないね。H

君、卒論で研究してみたら？」

「へへっ。でも川波さん、昨日借りた『日本のワイン』を読んだら、何となく薀蓄が語れそうな気分になってきたよ。西洋式の本格的なワインが輸入され、醸造が始まるのは明治期になってかららしいんだ。今度は日本のワイン造りを追ってみようかな。『日本のワイン』には参考文献がたくさん紹介されていたから、それも読みたいな」

「それはいいね。国産ワインができるにも随分苦労があったらしいから、ワイン愛好家なら知っておいていいんじゃないかな。ついでにいうと、珍陀酒とか阿刺吉って言葉が何度も出てきただろ？　自分が酒飲みだからか聞き覚えがあるなあと思って調べたんだけど、北原白秋の詩に出てきた言葉にあったんだよ。知らないかな、ほら、これだ」

白秋の詩集、「邪宗門秘曲」を見せる。

「白秋って名前は有名だけど、読んだことがなかったよ。えーと、「われは思ふ、末世の邪宗、切支丹でうすの魔法…阿刺吉、珍陀の酒を……」　え？　あれ、こんなところに出てくる名前なんだね」

「そうそう。勉強になっただろ」

「これで彼女に点数が稼げそうだよ。ありがとう川波さん」

「これから彼女と遊びにいくんだ」とH君は出ていった。

それにしても、ザビエルのお酒ってどんな味だったのかなあ。きっと長い航海で保存状態が酷《ひど》かっただろうし、今の私たちが飲んだら、美味しいとは感じないだろうなと思いながら、いやいやいや、今日はいつになくオッシャレーにワインでも飲みにいこうかな。といっても、ワインとなるとウチの館の連中ではイメージが合わないしなあ（って自分もだけど）。

よし、今日は駅裏の酒屋でポートワインでも買って、ザビエルに想いを馳せながら、ちびちびと一人酒といこうか……。

さて予定通り
一パイ
やるかなー
この一パイを
楽しみに
生きてる〜♪
いまごろ彼は
彼女と
楽しく
やってる
かな…
フフッ
私もザビエルと
乾杯！
…
なんだろう
この
さびしさ？

【主な使用資料】
1『日本大百科全書 24：2版』小学館 1994年
2『国史大辞典 第6巻』吉川弘文館 1985年
3『事物起源辞典（衣食住編：新装版）』朝倉治彦ほか編 東京堂出版 2001年
4『酒の事典』外池良三著 東京堂出版 1975年
5『日本のワイン 本格的ワイン造りに挑んだ全国のワイナリー』山本博著 早川書房 2003年
6『ワインの愉しみ』塚本俊彦著 NTT出版 2003年
7『続史料大成22 蔭涼軒日録2：増補』竹内理三編 臨川書店 1978年
8『続史料大成5 後法興院記1：増補』竹内理三編 臨川書店 1978年
9『大内義隆』福尾猛市郎著 吉川弘文館（人物叢書：新装版）1989年
10『定本洋酒伝来』藤本義一著 TBSブリタニカ 1992年

「元の情報を知る」

はっきり確かめられない事柄だと、あとは自分で調べて考えをまとめていくことになります。情報は出どころに遡っていくほど信憑性が増します。日本史の史料（古記録や古文書など）まで目を通す機会はあまりないと思いますし、漢文なので簡単には読めないのですが、きちんと情報を検証したいのであればそれも必要なプロセスになります。ベテラン司書の川波さんは今回の調べものをとおして、大学生のH君にそうしたことを伝えたかったのかもしれませんね。図書館で調べながら、H君の知識や楽しみも広がったと思います。調べる内容によっては東京大学史料編纂所などの史料のデータベースも活用できるかもしれません。

韓国のオルタナティブ教育について調べたい

横道 独歩

十一月中旬頃から木枯しが吹き始め、銀杏の葉もすっかり落ちた。図書館の周りの小道は黄色い絨毯になっている。紫野公園の紅葉も少し前の休日までは見物客で賑わっていたが、今ではすっかり葉が落ちたようだ。

昼休みに川波係長が今年のボジョレー・ヌーボーのできについて熱く語っていた日の午後、一人の青年男性がレファレンスカウンターにやってきた。

「私は東京にある大学の通信教育生なのですが、年末にスクーリングを受講するんです。その中に事前に課題を与えられてレポートを用意しなくてはならない科目があって、どうしたらよいか迷っているんです」とその青年はいった。

通信教育といっても正規の在学生だから、在学する大学図書館は利用できるはず。公共図書館からのフォローはもちろんできるが、まずは在学している大学図書館を利用されたかどうかを確認するために「通われている大学の図書館ではご相談されましたか?」と聞くと、「大学図書館は利用できるのですが、仕事があるのでせいぜい月1回くらいしかいけないのです。他の科目の課題はこちらの図書館や県立の図書館を利用して学習しているのですが、今回は時間も迫っているし、自分でも探そうとしたのですがよくわからないんです」と答えた。

仕事をしながら勉強するのはさすがに大変だろう。

「わかりました。この図書館で可能な範囲でお手伝いしましょう。課題はどのような内容ですか?」

「世界のオルタナティブ教育についてという課題で、自分は韓国のことを割りあてられたのです。先生のお名前からすると韓国の人かもしれないので、あまりピントはずれのレポートになってはきまりが悪いし」と青年はいった。

オルタナティブ教育という言葉は正直初めて聞いた。青年にたずねてみても意味はわからないようである。

「では、できるだけ関連する情報を調べてみましょう」といい、参考図書コーナーに案内した。

まずはオルタナティブ教育という言葉について、意味と概念を把握する必要がある。百科辞典類の中で平凡社の『世界大百科事典』[1]を手に取り、「オルタナティブ・スクール (alternative school)」を見た。「もう一つの学校、代りの学校などと直訳し、従来の学校教育とは異なった学校を意味」とあり、特徴として「①小規模クラスによる人間性回復、②児童・生徒の積極的な授業計画等への参加、③能力主義・競争主義原理等を弱める、④市民の広範な支援、などが挙げられる」と記されている。

最近生まれた言葉や時事的によく使われる言葉を調べるには時事用語の辞典が詳しい。

『情報・知識imidas 2007』[2]の「オルタナティブ・スクール」の項には、「公立学校の選択肢を拡大するために設置された多様なタイプの学校の総称。一九七〇年代にアメリカで親の教育期待と子どものニーズの多様化を背景に広まった」とある。フリースクールやオープン・スクール、マグネット・スクール、チャーター・スクールもこれに含まれるようだ。

『現代用語の基礎知識 2009』[3]の「オルターナティブ・スクール」の項には、「形式や規則に縛られない教育をする学校」とある。

教育関連の事典類にもあたってみた。各国の教育事情について調べるには、まずその国の教育制度についてきちんと把握しておく必要がある。韓国の事情に関するということなので教育制度を念のため把握しようと、『新版 現代学校教育大事典』[4]の「韓国の教育」の項に目をとおした。ひととおり通読してみると、韓国の教育理念は憲法と教育3法といわれる「教育基本法」「初・中等教育法」「高等教育法」に明示され、一九八四年から義務教育を中学校までの9年間に延長した。学制は6・3・3・4制度で初等学校が国民生活に必要な基礎的初等教育、中学校は初等教育を基礎とする中等教育を目的としている。学校系統図も掲載されており、日本と類似している制度であることが確認できた。「オールタナティブ・スクール」も、この事典の1巻に項目がある。

これらの参考図書類を青年に示し、「まずはオルタナティブ教育の概要と韓国の教育制度について、これらの事典類から把握しましょう。ちょっと重いけどレファレンスカウンターに持ってきて読んでもらえますか?」

といって、青年と一緒に事典類を持ちレファレンスカウンターに戻った。

青年が事典類を見ている間、端末で文献検索を行った。

当館のＯＰＡＣ画面を開き、「オルタナティブ　教育」「オルタナティブ　スクール」「韓国　教育」などで検索するといくつかの図書がヒットした。役に立ちそうな本をメモした。

次に、当館のホームページのリンクページから〈GeNii〉にアクセスした。〈GeNii〉の「まとめて検索」で「オルタナティブ　教育　韓国」および「オルタナティブ　スクール　韓国」と入力して検索した。〈GeNii〉のメニューのうち論文情報のデータベース〈CiNii〉から論文がヒットした。しかし、図書のデータベース〈Webcat Plus〉ではヒットした図書は少ない。さきにＯＰＡＣで蔵書を確認できた図書と合わせてもあまり多くない。

いったん検索を中止し、本を取りに教育関連の［３７］の書架に向かった。役に立ちそうに思えた本は所蔵していたのだが、実際手に取ると韓国について詳しく書かれた情報は意外と見つからない。特に永田佳之著『オルタナティブ教育　国際比較に見る21世紀の学校づくり』（新評論　二〇〇五年）は、最近出版された中ではこの分野の基本書のように思えたのだが、韓国の教育事情は詳しく述べられてはいない。他の本でも韓国の教育について役立つ情報が載っている本はないようである。

次に〈CiNii〉でヒットした雑誌論文・記事のほうを探した。〈CiNii〉でヒットした論文の中で冊子体が当館で所蔵していそうなものをたどってみると[5]「韓国の自退生［チャットゥエッセン］（不登校・中退生）支援　日本の教育改革のモデルとなるか」という記事があった。雑誌『世界』７２２号（二〇〇四年一月）に掲載されている。この雑誌のバックナンバーはたまたま当館で所蔵していたので、急いで地下の書庫から取ってきた。

韓国では一九九〇年代後半、自退生、あるいは脱学校（タルハッキョ）と呼ばれる中高生が急増、大きな社会問題になっている。ソウル市の「ミンドルレ（たんぽぽ）の教室」は民間の「代案学校」（アルタナティブスクール＝新しい学び舎）で、日本のフリースクールやフリースペースにあたる。ミンドルレは青年修練場（若者公民館）という公的施設の一室をソウル市から無償で借り受け、「自退生」（チャットゥエッセン）のための居場所を運営している。

一九九九年十二月、ソウル市が延世大学に運営を委託する「ソウル特別市青少年職業体験センター」（愛称ハジャセンター）が開設された。「ハジャ」とは「やってみよう」という意味のようである。ソウル市の公費、延世大学の拠出金、利用者の参加料などで運営する。自立学習し、技術を身につけ、才能を伸ばし、文化の担い手となれるような環境を整備している。そしてイベントなどに参加したり、ショップで作品を売る。学習と社会参加を一体化したものになっている。

ハジャセンター内に「ソウル市代案教育センター」というシンクタンクがあり、インターンシップ、プログラム開発、教員教育を手がけている。

質問を受けた内容に合いそうな個所をまとめると以上のようなことが書かれている。

次に〈CiNii〉に本文が収録されているものを探すと[6]「韓国の教育改革―オルタナティブスクールの試み」があった。東京大学の大学院の機関が韓国の先生を招いての講演会の内容を文章化したもののようだ。質問に合いそうな内容として、以下のような文面が目に止まった。

「九五年から二〇〇〇年までは、学校に適応できない子どもが代案学校にいっていたが、それ以降は代案学校自体がとても人気になる傾向」

「九七年にガンジー青少年学校設立。エコロジーを強調していて、寄宿舎のある全寮制の学校。九八年に認可を受ける」

「ソンミサン学校。ソンミサンという山を壊してアパート村を建てようとしたところ、親たちが反対。家を借りて共同育児。そこから保育園や幼稚園の機能をもつよう発展」

〈CiNii〉に本文が収録されていない論文の中にも、論題名から判断すると有効に思われるものはいくつかあった。〈GeNii〉のメニューの中の〈KAKEN〉データベースの中でも文献がヒットしたが、これは専門的すぎるように思えた。

「雑誌記事や論文ではこのようなものがあるようです」

といって、書庫から持ってきた『世界』の記事と、〈CiNii〉に収録されている「韓国の教育改革――オルタナティブスクールの試み」本文の画面を示した。

青年は事典類から目を移し、記事と画面を見た。

「ああ、これはレポートに役に立ちそうですね」といった。

「ここまで調べてみると、オルタナティブ教育とは近年注目されてきたテーマのように思えますね。最近の情報を得るには新聞記事にもあたったほうがよいかもしれません。新聞記事を探すにはいくつか方法がありますが、検索コーナーで朝日新聞の〈聞蔵IIビジュアル〉という記事検索データベースが利用できます。辞典類や記事を読んでもらっている間、それも調べてみましょう」

青年にそう伝え、検索コーナーで〈聞蔵Ⅱビジュアル〉を検索した。朝日新聞（一九八五年以降）および週刊朝日の記事のメニューから、「オルタナティブ　教育　韓国」「オルタナティブ　スクール　韓国」「韓国　教育」などと検索語を入れ替えて、検索対象を全文で検索した。ヒットした中では特に以下の2つの記事に詳しく書かれている。

・[7]「韓国、「人間教育」に力　詰め込み教育反省、多様化のきざし」（『朝日新聞』二〇〇七年一月十七日　朝刊6面）

韓国の価値観が多様化し教育意識が変化しつつある昨今の事情を、特にフリースクールに焦点をあてて書いた記事である。前述の論文にも言及されていたガンジー学校のことがこの記事でも出ている。「九七年に設立され、翌年認可を受けた韓国発のフリースクール」と紹介されている。韓国教育現場の多様化の例として、学校教育関連の「ホームスクーリング」「開放型自律学校」「セッネッ学校」「韓国科学英才学校」「民族史観高校」、塾関連の「リーダーシップ講座」「礼節学校」「子供哲学教室」「子供料理教室」が列挙されている。

・[8]「（きょういくスクエア）フリネット「代案教育」世界的な潮流」渋谷照夫（『朝日新聞』二〇〇七年十月二十八日　朝刊　茨城全県・2地方）

フリースクール全国ネットワーク（略称フリネット）のフェスティバルが開催されたという記事で、「隣国の韓国でも「代案学校」という名前のフリースクールが約100校あり、その半数は政府が認可している」という。最後に「今やオルタナティブ（代案）教育の動きは世界的な潮流といえる」と締めくくられている。

レファレンスカウンターの青年を呼び、〈聞蔵IIビジュアル〉を検索し直し記事を示した。レファレンスカウンターの事典類や雑誌を検索コーナーの横の座席に持ってきて、「事典類、雑誌文献、新聞記事から当館で調べられるのはこのくらいです。資料はこの席に置いておきますので、しばらくの間ご覧になってください」と伝えた。

青年はこれらの資料に目を通し、必要な個所をメモやコピーしていた。

少し経って青年は帰り支度をしてレファレンスカウンターにやってきた。

「ありがとうございました。どうやってレポートに取り組もうか迷っていたのですが、これでメドは立ちました」とお礼をいわれた。

「これではまだ十分でないようであれば、一度ご所属の大学の図書館で相談してもらうと、より幅広い情報を得られると思いますが」

「そうですね。来週末には大学図書館にいけると思うので、他の文献も探してみます」

青年はそういって、図書館を出ていった。

日が暮れて、今日も冷たい風が吹いている。

そうだ、今日は豆腐チゲでも作って食べようかな。韓国のことを調べているとき、急に食べたくなったので。

【主な使用資料】

1『世界大百科事典 4：改訂新版』平凡社 2007年

2『情報・知識 imidas 2007』集英社 2007年

3『現代用語の基礎知識 2009』自由国民社 2009年

4『新版 現代学校教育大事典 1・2』ぎょうせい 2008年

5「韓国の自退生［チャットゥエッセン］（不登校・中退生）支援 日本の教育改革のモデルとなるか」（『世界』722号 2004年1月）

6「韓国の教育改革−オルタナティブスクールの試み」東京大学大学院教育学研究科教育研究創発機構・学校臨床総合教育研究センター共催 趙恵貞先生公開講演会 2001年

7「韓国、「人間教育」に力 詰め込み教育反省、多様化のきざし」（『朝日新聞』2007年1月17日 朝刊6面）

8「（きょういくスクエア）フリネット「代案教育」世界的な潮流」渋谷照夫（『朝日新聞』2007年10月28日朝刊 茨城全県・2地方）

「情報の案内人」

質問の背景がわかれば、その事柄が出ていそうな情報を探しやすくなります。今回の調査であれば、教育事情・社会問題を扱った雑誌文献に出ていそう、新聞でも取りあげられているかもしれない、と見当をつけていくことができます。最近はインターネットやデータベースで、他の図書館で所蔵している本や雑誌の内容や所在も確認できるようになりました。図書館間での本の相互貸借や複写物の郵送サービスが可能なところもあるし、地域に開放された大学図書館も増えつつあります。図書館で相談してみると、最適な情報にたどり着く方法をアドバイスしてくれると思いますよ。

烏帽子《えぼし》の作り方が載っている本はあるか

木崎 ふゆみ

「能や狂言の衣装や小道具の写真がたくさん載っている本が欲しいんだけど」

顔なじみの利用者Sさんから声をかけられた。

いわく、あかね市に伝わる民話をもとに創作した狂言仕立ての子ども劇の衣装や小道具を用意することになったので、参考になる資料を探しにきたとのこと。指導してくださる先生からお借りできるものはお借りし、足りないものは保護者やボランティアスタッフが製作するのだそうな。すでに棚を見てきた後らしく、数冊の本を抱えている。いずれも能や狂言の舞台写真が多数載っている写真集タイプの本だ。

ここでピンとくるものが……。確か狂言の演目ごとに作品解説した本で、登場人物の衣装や使用する道具を記述したものがあったはず。写真も載っていたのではなかったか。秋本さんは伝統芸能の大層なファンであるらしく、書架整理の際に、その本を見つけて、「しぶい選書ね！」と大喜びしていたのだ。書名は忘れてしまったが、そこそこ大きさのある、地味な表紙の本だったと記憶している。

図書館員の習い性なのか、本について訪ねられた時に最初に思い浮かぶのは、書名よりも、装丁だったり（それも主に背表紙）、配架されている棚の位置だったりする。たいてい書名はうろ覚えなので（私だけかも）、目あての本が貸出中だと大変だ。あやふやな記憶からでは、ＯＰＡＣで検索できないこともあるので冷や汗ものである。

幸い書架に在架していた。書名は『[1]狂言《きょうげん》画写《がしゃ》の世界』。記憶に残っておりませんでした……。

「その本も見たけど、イラストしか載ってなかったわよ」とＳさん。

いえいえ、確かに前半は作品解説と登場人物のイラストが載っていますが、後半には、装束の着付け過程が写真入りで解説されているのです。しかも改めて内容を確認したところ、衣装の型紙、裁ち方、縫い方の説明も掲載されている。

それから民俗学［３８］の棚に、時代衣装を復元して縫い方を紹介した本もあったので見にいく。書架整理の時は、余裕があれば本の中身をチェックするようにしている。こういうことの積み重ねが、お客様から相談を受けた時に役に立つわけです。ま、たまにですけど。

ビンゴ。『[2]時代衣裳の縫い方』は、復元品から日本の古い装束の型紙を作成して掲載したもので、水干《すいかん》とか直衣《のうし》とか、

普通の和裁の本には載っていないような情報が満載だ。

「これはすごく参考になりそう。ありがとう」と、Sさんはおわたしした2冊とご自分で選んだ本を借りていかれた。

それからしばらくして、Sさんから電話をいただく。先日の調べ物の続きで、今度は、烏帽子の作り方を解説した本を探して欲しいとのご依頼だった。「洞烏帽子《ほらえぼし》」なる烏帽子をご所望で、烏帽子の作り方そのものがわかれば一番だが、無理であれば、烏帽子の構造がわかるような資料でもいいという。来週、来館予定とのことなので、それまでに資料を探すお約束をして電話を切った。

烏帽子ですか。烏帽子といわれても、歴史ドラマなどでよく見る黒いとんがり帽子みたいな被《かぶ》り物ということと、昔は頭頂部を見せるのは失礼にあたるとかで、男性は夜寝る時も被っていたんだよね、程度の知識しかない。

そもそも「洞烏帽子」ってどういうものなのか？　ただの烏帽子とどう違うのか？　全くわからなかったので、まずは、インターネットで「洞烏帽子」を探してみる。能や狂言の舞台で使われるらしく、舞台小道具販売会社のサイトで洞烏帽子の形を見ることができた。上部がまるくカットされている円筒形というか、神官さんが被っている烏帽子と似た形である。

さらに「作り方」で掛け合わせ検索してみるが、参考になりそうな情報はヒットしない。こういうものは口伝とか身体で覚える系の伝統技能の部類に入りそうだしね。まずはあかね市立図書館で所蔵している資料にあたることにする。

「烏帽子」でOPAC検索してみたところたくさんヒット。でも「烏帽子岳」の観光ガイド本が主。観光ガイド本をよけつつ、かぶる烏帽子に関する本を探していくうち、『京に生きる技』[3]を発見する。目次情報を確認すると、「第2章　伝承のはざまで」で、雅楽器、提灯、カルタなどとともに烏帽子が取りあげられていた。

さっそく分類番号［75］（工芸）の棚で内容を確認したところ、さまざまな伝統工芸に携わる職人への取材をまとめたもの。隣に『京の手わざ』[4]という本があったので念のため手にとってみると、こちらも京の職人を取材した本で、「有職冠帽師」として冠・烏帽子職人が紹介されていた。木型を使う冠と違って、烏帽子は木型は使わずに、錐《きり》で縒《よ》って皺《しわ》を出した和紙に漆《うるし》を塗って作成するそうな。あの堅い感じの素材は何かと思っていたが、紙だったのか。しかし残念ながら、具体的な作り方はわからない。また、これらの資料には、「錆烏帽子《さびえぼし》」「張貫烏帽子《はりぬきえぼし》（立て烏帽子）」「懐中烏帽子」など複数の名称が登場するが、「洞烏帽子」は出てこない。

そのまま横すべりで、分類番号［773］能・狂言の棚へ。『狂言ハンドブック』[5]に、「狂言のデザイン―扮装・面・小道具」という項があったので見てみる。狂言の扮装は、登場するだけで、おおよそ職業や身分がわかるくらいに類型的であるという。人物を「個人」として表現するのではなく、所属している「類」として把握し、類ごとに特定の扮装を定めているそうだ。洞烏帽子を被るのは、大名とされていて、他の役どころでは、婿《むこ》・舅《しゅうと》の役どころが侍烏帽子《さむらいえぼし》を被ることになっているらしい。

『狂言のデザイン図典』[6]には、洞烏帽子単体の写真と大名装束に身を包んだ役者の舞台写真が載っていた。かなり大ぶりの烏帽子だ。解説に、「洞烏帽子は漆で柔らかくして、手で押しながら皺を付けた和紙を使って製作する。和紙と漆のバランスが出来のよしあしを決める」とあったが、やはり具体的な作り方はなし。

やはりここは辞典類から基本情報にあたってみるのが吉か。

『国史大辞典』[7]によると、「烏帽子」は、烏《からす》の羽を連想させる黒色の布帛《ふはく》または紙製の帽子。「黒く染めた羅《ら》や紗《しゃ》や平絹の類を2枚重ね、峰《みね》を円形にして縫い合わせて薄く漆を塗り、口に縁《へり》を設けた帽子で、縫目を前額中央と、後頭部中央にあて、正面の縫目の部分をくぼませてかぶる」のを正式とし、被る際は、縁の後方近くの左右に組紐をつけて後頭部に結び締め頭に固定したそうである。前部のくぼみは眉といい、位置によって身分を区別するらしい。

また、殿上人《てんじょうびと》以上が使用する立烏帽子、長辺が斜めに折れた風折烏帽子《かざおりえぼし》、召具《めしぐ》がつける平礼《へいれい》烏帽子、衆庶がつける揉烏帽子《なええぼし》、武士がつける折烏帽子など様々な種類があることがわかった。立烏帽子と風折烏帽子のイラストも載っている。

しかし、この中に洞烏帽子は紹介されていない。参考資料として紹介されているものも、古い資料が多く、残念ながらあかね市立図書館では所蔵していない。

次に、有職故実《ゆうそくこじつ》の線から調べてみることにする。有職故実とは、朝廷や公家の礼式・官職・法令・年中行事・軍陣などの先例・典故。また、それらを研究する学問のことである。『有職故実図鑑』[8]に立烏帽子、風折烏帽子の写真や烏帽子細部の名称図があったが、ここでも作り方や洞烏帽子情報は得られず。『有職故実』（講談社学術文庫）にも、これまで調べた以上の情報はなし。

古いことを調べるならと、[9]『古事類苑』にもあたってみることにする。これは、一八九六〜一九一四年（明治二十九〜大正三）にかけて刊行された、江戸時代以前の日本文化についての百科事典だ。索引から「服飾部」に烏帽子の項があることがわかったので見てみる。旧字なので、さらさら読むというわけにはいかない。立烏帽子や風折烏帽子など様々な烏帽子について、古典籍からの記述が紹介されているほか、折烏帽子、立烏帽子の細部名称解説図などがあったが、ざっと見た限りでは「洞烏帽子」はないようだ。

「楽舞部」芝居の項で狂言が取りあげられているので見てみる。衣裳や鬘《かつら》の項目もあったが、被り物の項目はなし。また、索引から能楽の項にも狂言についての記述が含まれていることが確認できたので見てみるが、烏帽子についての記述はないようだ。

なにゆえに「洞烏帽子」の情報がないのかなぁ。

ここまで調べた範囲で「洞烏帽子」が登場したのは、能・狂言関係の資料のみだった。再び芸能関係から調査してみることとする。そういえば、まだ伝統芸能関係の辞典類を調べていなかった。

[10]『能・狂言事典』「冠《かぶ》り物《もの》」の項に、洞烏帽子を発見！　翁《おきな》烏帽子《えぼし》・風折《かざおり》烏帽子《えぼし》など能と共通の冠り物に続けて、「狂言独特の冠り物」として、夷《えびす》専用の夷烏帽子、三番叟《さんばそう》専用の剣先《けんさき》烏帽子、大名が多く用いる洞烏帽子（大名烏帽子）などが記載されていた。なんと！　洞烏帽子は、狂言独自の被り物

でありましたか！

『演劇百科大事典』[11]では、能楽に用いられる烏帽子を翁烏帽子系・風折烏帽子系・立烏帽子系・侍烏帽子系に分けて解説している。洞烏帽子は、立烏帽子の中で解説されており、「洞烏帽子は直立したもので、すべての烏帽子のうちで最もたけが高く頂上は半円形をしている」とあった。

形状からも分類からも、洞烏帽子は立烏帽子に類することがわかった。立烏帽子の製作工程がわかれば、参考にできそうだ。

調べたら情報が得られそうな分類としては、［５９］（家政学）、［３８］（民俗学）、［２１］（日本史）といったところか。あたりをつけて中身をチェックしていくと、『図説日本文化の歴史⑤鎌倉』[12]で、烏帽子の製作工程が写真とともに解説されているのを発見。紹介されているのは、折烏帽子の製作工程であったが、まず立烏帽子を作ってから折りたたんでいくので、立烏帽子を作るところまでが参考にできそうだ。

来館されたSさんに見つけた資料をご案内する。さすがに烏帽子の作り方がそのまま載っている資料があることは期待されていなかった由。各資料の情報を組み合わせ、洞烏帽子に見えるように工夫して作ってみるとおっしゃってくださった。

公演は、まだまだ先らしい。子どもたちも慣れない動きやせりふを習得するのに苦労しているとのことだが、周りで支える保護者や指導者のご苦労も大変なものだ。図書館は、そういう地域の活動を支えられる存在でありたいものである。

【主な使用資料】

1 『狂言画写の世界』安東伸元・中野慎子著 和泉書院 2005年
2 『時代衣裳の縫い方』栗原弘・河村まち子共著 源流社 1984年
3 『京に生きる技』朝日新聞京都支局編 サンブライト出版 1987年
4 『京の手わざ』松本章男文 石元泰博写真 学芸書林 1988年
5 『狂言ハンドブック：改訂版』油谷光雄編 三省堂 2000年
6 『狂言のデザイン図典』木村正雄文ほか 東方出版 2005年
7 『国史大辞典 第2巻』吉川弘文館 1980年
8 『有職故実図鑑』河鰭実英編 東京堂出版 1971年
9 『古事類苑』神宮司庁編 吉川弘文館 1967年
10 『能・狂言事典：新訂増補』西野春雄・羽田昶編 平凡社 1999年
11 『演劇百科大事典』早稲田大学演劇博物館編 平凡社 1960年
12 『図説日本文化の歴史 ⑤鎌倉』小学館 1979年

「資料をかき集める」

なかなか洞烏帽子に関する説明を見つけられませんでしたが、「洞烏帽子が登場したのは、能・狂言関係の資料のみだった」と思いついたのが正解。たくさんの資料に目を通したからこそ生まれた推察といえるでしょう。烏帽子の作り方を調べる際は、日本史や装束の文化の本を見ていくのが一般的だと思いますが、烏帽子を用いる機会があるのは？　相撲の行事さん、神主さん、現在の職人さんは、日本人形にも使われているけど……、とイメージしていけば、それらの本で烏帽子が扱われている可能性も考えられます。場面を思い浮かべられるといいかもしれません。

十二月十二日と書かれたお札を逆さに貼る風習とは

富士 のぶえ

師走に入って図書館も何やらあわただしい雰囲気だ。たいていのお客さんが本の貸出・返却だけでそそくさと帰っていかれる。おしゃべりの好きなEさんの姿が見えるがこちらにこられるかしら？と思っていたら案の定、目線があった。

「ねえねえ、富士さん、ちょっと聞いてくれる？　うちの近所のおうちが2世帯住宅に建て替えたんだけど、そこの若奥さんがこぼしていてね。新しいおうちなのにお舅《しゅうと》さんが入口やら窓にお札《ふだ》を貼って、それがはがれた時にきたなくならないかって心配してるのよ。なんでも十二月十二日って書いた小さい紙を逆さまに貼るらしいんだけど、どういうことだか知ってる？　泥棒よけのおまじないだってお舅さんはいうらしいんだけど、魔よけみたいなものかしら？　なんでもそのお舅さんは関西出身で昔からやっていたらしいのよ。お札の意味がちゃんとわかったらお嫁さんも納得すると思うんだけど。ちょっと調べてもらえないかしら」

「わかりました。少し時間がかかるかもしれませんが調べてみますね—

十二月十二日のお札か。その日勤務が同じだった仲間に聞いても皆知らないみたい。占いに凝っている同僚の秋本さんも「ごめんなさい。お札はちょっと守備範囲じゃないので……」ということらしい。手がかりをつかむために、まずインターネットを見てみよう。

「十二月十二日」「お札」「関西」「風習」などを組み合わせて検索すると、どうも関西のほうでは十二月十二日に、小さい紙に十二月十二日と漢数字で書いて、それを逆さまに貼り泥棒よけのまじないにするところがあるらしい。十二月十二日は大泥棒の石川五右衛門の命日だから、ということもいくつかのブログに載っていた。石川五右衛門を追加して検索すると奈良県葛城市のホームページに「市内には、石川五右衛門の命日に十二月十二日と書いた札を逆さまに貼る習慣があります。天下の大泥棒が亡くなった日にちなみ泥棒が入らないようにするための魔よけとして伝わっています……」とある。Eさんの話とも一致する。このことか。だがブログやインターネットのサイトに載っていましたよ、というだけでは図書館員としてはふがいない。

図書館のOPACでキーワードをいろいろ変えて蔵書検索してみる。「お札」「民間信仰」「俗言」「まじない」「神札考」等々。いくつかの資料はあるのだが十二月十二日のお札のことは出てこない。石川五右衛門からの線はどうだろう？『国史大辞典』[1]で「石川五右衛門」の項を見ると不明なところは多いものの実在していた人物となっている。河内国石川郡（現、大阪府）との縁から石川と名乗ったという説もあるらしい。また『日本奇談逸話伝説大事典』[2]によると釜煎《かまい》りで処刑されたのは八月二十三日となっている文献もあるようだ。そうなると十二月十二日が命日というのと食い違ってくる。気は焦《あせ》るがいき詰まってしまった。年末年始の休館を控えて図書館も連日賑わっていて仲間も皆忙しそうだし、来週はクリスマスおはなし会でそちらにも力を入れないと……。こういう時に頼りになる伊予さんはふらりと旅にいってしまったようだし……。

翌日カウンター当番が一緒になった本宮さんにお札の話をしてみた。

「お札ですか。種類も多いし奥が深いですよね。きちんと神社などが出しているものだけじゃなく民間信仰で家で書いて貼るものもあるんですねぇ。その地域でやっている風習だったら新聞のローカル版でも扱っているんじゃないですかね」と本宮さん。

なるほど、新聞か、思いつかなかったなあ。若い人はデータベースを上手く利用している。

朝日新聞記事データベース〈聞蔵Ⅱビジュアル〉で調べると二〇〇五年十二月十三日の奈良県版に「十二月十二日と書いて……逆さまお札で泥棒撃退⁉ 葛城のおまじない」という記事で詳しく説明されていた。十二月十二日の十二時に十二歳の少年が貼り替えるとさらにいい、という説もあるようだ。奈良だけでなく大阪府でも見かける風習ということにも触れている。

午後から事務室で本宮さんとその話をしていると川波係長から声をかけられた。

「こんど入ってきた図書でおまじない関係のものがあったから見てみたら」

まずは京都の祭事や行事、しきたりや慣習などをまとめ歳時記の体裁にした『京暦365日』[3]。十二月十二日のところに「十二月十二日は天下の大泥棒・石川五右衛門の命日。この日、玄関に「十二月十二日」と書いたお札や短冊を上下逆さに貼ると、泥棒除けのおまじないになるといわれています」とある。そして『魔よけ百科』[4]という新刊にも家の守りの項目に同様の記述があった。やはりまじない、魔よけの線ということか。念のためにもう一度［387］（民間信仰）のあたりの棚を見直すと[5]『京の宝づくし 縁起物』という本にこのお札のことが出てきた。調査を始めたときにもこのあたりの棚はざっと見たつもりだったが、縁起物という本に載っていたとは……。ここでは十二月十二日生まれの女性に書いてもらわないと効力がない、とある。またこのお札は京都以外ではあまり見かけない、ともあった。それにしても石川五右衛門の命日が十二月十二日だからというコメントがほとんどだが、山科言経《やましなときつね》の日記（言経卿記《ときつねきょうき》）によると石川五右衛門が処刑されたのは一五九四年八月二十三日とあるようだし史実としては八月説が多いようだ。ではどうして命日が十二月十二日となったのか？

「以前年中行事について調べている時に、十二月十三日が正月事始とか正月始めといわれて正月の用意にとりかかる日とされていて、関西に多い風習というのを読んだことがありますよ。十二月十二日はその前日ですから一年の区切りの日ということでもともと泥棒よけのお札があって、それに後追いする形で天下の大泥棒石川五右衛門と結びついたのかもしれませんね。石川五右衛門は関西では有名だけど関東ではそうでもないので、お札も地域限定で広まったのかもしれません」と川波係長。

[6]『日本年中行事辞典』、[7]『民間暦』、[8]『京のオバケ―四季の暮しとまじないの文化』などで調べると十二月十三日が正月準備を開始する日、つまり正月神を迎え入れる準備をする日である旨が書かれている。民間信仰から派生したお札だけにバリエーションも多く、どうしてこういう形になったかには諸説がありそうだ。

とりあえずここまでわかったことをEさんに報告した。

Eさんいわく「例の近所の若奥さんにお札のことを話したんだけど、そうだったんですか、といたく感心してねぇ。お舅さんにいろいろ昔からの風習のことを聞いたんだって。お舅さんも聞いてもらうと嬉しくて話が弾んだらしいよ。家をきれいに保つのも大事だけど、住んでいる人が仲良くするのが一番だものね。今度、若奥さんとお舅さんと2人で話を聞きにくるって。調べてもらってありがとう」

後日談。私からのメールで気にかけていてくれた伊予さん。旅の帰りに関西の公共図書館で調べてくれたらしい。郷土資料室をブラウジングしていると郷土文化誌[9]『河内どんこう』(No・33)の「落語河内風土記―まじない」(筒井義信)に十二月十二日のお札を貼る習慣が河内で行われていることが紹介されていたそうだ。持ち帰ってもらったコピーによると、十二月十二日と書いたお札を戸尻に貼るのは泥棒よけのまじないであること。石川五右衛門は河内の石川を根城にしていたのでその名前で呼ばれたこと。地元は荒らさず貧乏人には施しをしたので評判がよかったこと。三条河原で十二歳になる息子と一緒に釜うでの刑になったが、それを悲しんだ地元の人が命日の十二月十二日という数字をその年に十二になる男の子に書

いてもらって戸尻に貼れば五右衛門親子の供養にもなるし泥棒よけのまじないにもなるとして始めた風習であることが落語仕立てで書いてあった。

また『中河内郡誌』[10]という郷土資料の風習という項に、「十二月十二日」と書ける紙片を出入口の戸に貼布しおけば盗難を免れる、という記述があることや大阪府の松原市というところのホームページにも松原の民話として「泥棒除けの呪いと石川五右衛門」が紹介されているようだ。

小さなお札から次々広がっていったなあ。上方落語にどのように取りあげられているのかも興味あるし機会のあるごとに調べていきたい。

【主な使用資料】

1 『国史大辞典 第1巻』吉川弘文館 1979年
2 『日本奇談逸話伝説大事典』志村有弘・松本寧至編 勉誠社 1994年
3 『京暦 365日』らくたび著 コトコト 2007年
4 『魔よけ百科』岡田保造 丸善株式会社 2007年
5 『縁起物 京の宝づくし』岩上力著 光村推古書院 2003年
6 『日本年中行事辞典』角川書店 1977年
7 『民間暦』宮本常一著 講談社 1985年
8 『京のオバケ—四季の暮しとまじないの文化』真矢都著 文藝春秋 2004年
9 「落語河内風土記—まじない」筒井義信著(『河内どんこう』No・33 八尾文化協会 1991年)
10 『中河内郡誌』中河内郡役所編 名著出版 1972年(1923年刊の複製)

「郷土資料の活用」

富士さんは、お札・民間信仰や石川五右衛門に関するいわれなどを幅広く調べていますが、特定の地域の風習についてなら何といっても郷土資料が役に立ちます。もちろん、インターネットからも多くの情報が得られますが、地元の図書館にしか所蔵がない郷土資料もあるので、各地の図書館に問い合わせてみるのも有効です。今回のように新聞の地域版にあたってみるのも、うまい目のつけどころ。自治体が刊行している『○○県史』や『○○市史』などで地域の習俗を扱っていることもあります。その土地の情報は何に出ているのかを調査に際して考えてみるといいでしょう。

「第九」は、なぜ年末に演奏されるの

石尾 里子

「こんにちは、あかね市民ホールです。今年も『市民が歌う第九』のチラシを置かせてください」

市民ホールの職員、山田さんがチラシを手にやってきた。あかね市民ホールは、小学校の合唱コンクール、市の成人式から、講演会、落語、クラシックコンサートまで、あかね市の市民が集う場として親しまれている。そして十二月の恒例イベントが、「市民が歌う第九」なのだ。「第九」とはもちろん、「ベートーベン交響曲第九番ニ短調合唱付」。この合唱を市民が歌う、というイベントは、今やあかね市の年の瀬に欠かせない行事となっている。

「今年もそんな季節になったんですねえ。そういえば、市民ホールで第九の予約がダブルブッキングする映画がありましたよね。あれ、おもしろかったな」

「縁起でもないこといわないでくださいよ、『歓喜の歌』でしょう。第九の映画なら、ドイツ人捕虜が収容所で演奏したという『バルトの楽園』が感動的で好きですね。ところで、今日は調べたいことがあってきたんです。なぜ「第九」の演奏会は決まって年末にあるのでしょうかね」

山田さんが語りだしたのは、昨日、「市民が歌う第九」の練習の後の出来事。「暮れは何かと忙しいので、来年の第九は他の季節のほうがいいのに」とソプラノのSさんがこぼしたところ、「第九は十二月と相場がきまっているじゃないか」とバスのBさんが猛反発。俳句をたしなむHさんは「確かに、第九は歳時記でも冬の季語だしなあ」。他のメンバーも加わり、わいわいがやがや話すうちに、「やっぱり、第九は年の瀬が一番しっくりくる」という結論に達したとのこと。

そこで山田さんがふと、「そもそも、なぜ、第九は暮れの風物詩になったのですかね」と口に出した瞬間、皆の目が山田さんに集中し、「それはぜひ知りたい」「知っておかないと、いい歌が歌えない、次回までに調べてほしい」と半ば脅かされる形で調査する羽目になったという。

おやまあ、それはかわいそうに。でも、市民ホールの一大イベントなのだから、担当者の山田さんが調べるのはいいことかもしれない。山田さんは昨日、帰宅後、自宅のパソコンからインターネットで検索してみたのだとか。

「でもね、石尾さん、求めている疑問に答えるサイトがものすごくたくさんヒットするんですけど、決め手にかけるというか、裏付けがあいまいというか、インターネットの結果でメンバーの皆さんに報告するのは納得できない点もあって厳しいのですよ。インターネットで多い説は、第九が人気のある演目なのでオーケストラの正月の餅代稼ぎに増えた、というのですが、本当にそれだけなのでしょうかね。図書館の本で何かわかるといいのですが」

次の練習日は、明日なのだとか。ということは、今、図書館にある資料で探さなくては間に合わない。いったん職場に戻るという山田さんを見送り、さっそく調査に取りかかる。

まず、第九の基本を押さえようと参考図書コーナーへ。『ベートーベン事典 全作品解説事典』[1]を手に取る。「第九」の項目を見ると、楽章構成や作品誕生の過程はかなり詳しく記載されているが、残念ながら今回の調査内容の答えになるものはない。ただ、初演は一八二四年五月七日ということがわかった。え？ 五月、年末ではないんだ。

そういえば、これほどまでに第九が年末に演奏されるのは、日本だけのことだと聞いたことがある。それならば、「第九」と日本のかかわりをポイントに探してみよう。OPACで「第九」と「日本」をかけ合わせて蔵書検索。これだけでは「日本国憲法第九条」等の資料もヒットしてしまうので、忘れずに音楽の分類番号［76］も指定する。すると『〈第九〉と日本人』[2]というまさにぴったりのタイトルの図書がヒットした。もう1冊、『別冊太陽 日本のこころ56 ベートーベン交響曲第九番合唱付』[3]も参考になりそうだ。この2冊の内容を確認することにする。

『〈第九〉と日本人』は、日本での初演から日本でどのように受け入れられてきたのか、膨大な資料をもとにまとめられている1冊だ。著者の鈴木淑弘氏は、出版当時（一九八九年）公務

員をしながら第九の研究を続け、自らも毎年、第九を歌うという経歴の持ち主。目次を見ると、「暮れの〈第九〉の原点」「慣習化する《暮れの第九》」「恒例化する暮れの演奏」「暮れの〈第九〉現象のはじまり」と、回答に結びつきそうな内容だ。ただ、あまりにも詳しいため、読み込まないとわかりにくいかも。

もう1冊の『別冊太陽 日本のこころ56 ベートーベン交響曲第九番合唱付』を確認すると、前半は音楽的な作品解説で、後のほうに「日本第九演奏史」が17ページほど掲載されている。執筆者は、なんと鈴木淑弘氏。出版はこちらのほうが古い。こちらはそれほど長くないので、要点を把握しやすい。

今のところ見つかったのは鈴木説だけなので、他に説があるのか確認しておきたいところだ。音楽雑誌はどうだろう。保存している雑誌の十二月号に絞って探すと[4]『音楽の友 二〇〇〇年十二月号』で「二十世紀『第九』伝説」という特集を発見。その中に、「年末《第九》の『なぜ?』よくある質問に答えはあるのか」というページがあったが、この記事も鈴木氏への取材をもとに記者がまとめたものだった。ということは、この研究に関して、鈴木氏が専門家といえそうだ。

鈴木氏は『音楽の友』の記事中で、「さまざまな要素が重なり合って、複合的な理由で今のような形になったということができると思います」「残念ながらはっきりとしたきっかけや理由があるわけではないようです」「ただ私が思うには、日本人の感性や、節目を大切にする生活習慣に、年末の《第九》はぴったりなのではないでしょうか」と語っている。

その「複合的な理由」として、鈴木氏の著作から読み取れるのは、①正月の餅代稼ぎ＝オーケストラの経済的事情、②ドイツ人指揮者ローゼンストックの示唆（ドイツでは大晦日から新年への年の変わり目にラジオで第九を放送する）、③戦時中、十二月に出陣学徒壮行の〈第九〉演奏会が行われたことがあり、戦後、戦没学生追悼のための〈第九〉演奏会が十二月三十日に行われ、翌年も同じ日に行われた、等の理由だ。特に③は、反戦・平和の〈第九〉の原点として重要ととらえているようだ。

また、11のオーケストラに対して実施した、《暮れの第九》の初演の動機のアンケート結果について、「第一は聴衆のニーズに応えたことであり、第二は経済的安定のためであり、そして第三は何よりもベートーヴェンの〈第九交響曲〉が一年のしめくくりにふさわしい大曲と位置づけられたからであろう」（『〈第九〉と日本人』）とまとめている。

そこまで調べたところで、山田さんが戻ってきた。

「山田さん、残念ながらはっきりしたきっかけや理由はないみたいですよ」

「え、そんな……」と肩を落とす山田さんにこれまでの経過を説明すると、

「ああよかった、これなら『市民が歌う第九』の皆さんに回答できます。疑問を解決してすっきりと歌ってほしいですからね」

これで終了にしてもいいのだけれど、鈴木説以外のものも何か紹介したいなあ。山田さんが3冊の資料を読んでいる間に、最後のあがきと念のため〈CiNii〉で論文を検索してみると、[5]「なぜ日本人は年末の『第九』が好きなのか　大学生への意識調査から」という論文がヒットした。なんだかいいタイトルだ。フルテキストで読めるのでさっそく確認すると、日本人の年末の第九の志向性を分析した

もので、今回の回答にはならないが参考になりそう。これを紹介したところで山田さんは帰っていった。

解決してホッと一息ついていると、本宮さんが通りかかった。

「石尾さん、何を調べていたんですか。第九？　「〈レファレンス協同データベース〉で見たような気がします。ほらほら、これ」

しまった。灯台下暗し。おそるおそる見てみると、回答は今回の結果とほぼ同じ。紹介されていた本は、1冊は『〈第九〉と日本人』、その他3冊はあかね市立図書館にはなかったからせめてもの救いと思いたい。

「まあまあ、がっかりしないで、石尾さんらしくないですよ。まんぷく亭のカレーが待っていますよ」

もう、お昼か。今日は豪華にカツカレーでも食べて気合を入れようっと。

【主な使用資料】

1『ベートーベン事典 全作品解説事典』東京書籍 1999年
2『〈第九〉と日本人』鈴木淑弘著 春秋社 1989年
3『別冊太陽 日本のこころ56 ベートーベン交響曲第九番合唱付』平凡社 1986年
4「特集 二十世紀『第九』伝説」（『音楽の友』2000年12月号 音楽之友社 2000年）
5「なぜ日本人は年末の『第九』が好きなのか 大学生への意識調査から」久保田慶一（『東京学芸大学紀要芸術・

スポーツ科学系 五八』 2006年）

「複合的な考え方」

けっきょく諸説あり絞り込めないという結論でしたが、単一の答えではなく、まさに「複合的な理由」によることは多いのです。そうした調査の際、図書館員はなるべく多くの説を紹介するように努めています。1つの説が見つかって終わりにせず、「他にはないのかな」と考えることが調査のツボといえるかもしれません。また、ぴったりの回答ではなくても、違った切り口からは質問者の役に立てないかと思案します。石尾さんが最後に見つけた大学生への意識調査などは、ズバリの回答ではないにせよ、人によっては参考になる情報でしょう。

［ある日のあかね市立図書館③］　忘年会

いつも日常的に宴会を催しているあかね図書館の面々ですが、忘年会ともなれば普段にも増していっそう激しく飲むことが予想されますね。この1年を振り返るあかね図書館の宴会の様子を中継してみましょう。

ちなみに、一部、執筆者らの実際の宴会の会話が再現されている部分がありますが、基本的にはあくまでフィクションです。

川波「ああきたきた！　伊予さんがきたよ。これで全員そろったね。じゃあ、宴会を始めよう」

（ビールの栓が音高く開けられ、慌ただしくグラスに注ぎ合われる。乾杯）

川波「くっはあ～。いや～やっぱりエビスは旨いね。さて、さっそくだけど、各自の近況報告と、この1年の反省といこうか。じゃあ、トップバッターは本宮さん」

本宮「先輩方のご指導で何とかこの1年を乗り切ることができました。そういえば、沖縄の友だちから土産に泡盛をいただきました。やっぱりラオスの蒸留酒ラオラオと味わいが似ているように思いました」

木崎「おっとっと……あら、せっかく注いでもらったのに、なんだかビールの泡立ちが悪いわ」

伊予「すみません、係長、もっと泡を山盛りに、泡盛でお願いします」

本宮「無理やりレファレンスのネタにつなげて、意味のない親父ギャグにするのは止めてください」

（川波係長があっちこっちのグラスに注ぎまくる）

川波「さあ、どんどん飲もう。宴会はスピード感が大事なんだ。そういえば、夏のレファレンスだったかな、「スピード!!　スピード!!　スピード!!」ってどこかの会社の社是・社訓だったな」

秋本「楽天のですよ。係長もレファレンスの回答を意味のない親父ギャグに使わないでください」

川波「んじゃ、次にいこうか。横道さんよろしく」

横道「私は、秋の市民まつりでおつぼねちゃんの着ぐるみに入って踊ったのが印象深かったですね。こどもたちにも好評だったせいか、自分のゆるキャラ好きにいっそう拍車がかかったような気がします。仕事では、自分は、これからのレファレンスはお客様のニーズをできるだけ汲み取り、お客様のニーズごとに合わせた資料や情報の提供の仕方を工夫しなければいけないと感じました。学校行事への補助とか、大学生への助言とか、年配の方へのお手伝いとか。それから今年は学校図書館との連携に力を入れて、それなりに手ごたえを感じました」

川波「そういえば、なぎさ小学校でボランティアをしている学生さんは今日も児童コーナーにいらしていたね。若いのに熱心だなあ。これまでは学校図書館との組織的な連携がなかなか進まなかったけど、これからは本格的に公共図書館から学校への支援をしていきたいね。じゃあ、次。秋本さん」

秋本「この前聞かれた、絵画の値段を調べるレファレンスは面白かったですね。絵の値段って、ホント、ピンからキリまであるんですね。そういえば、オータムジャンボは全滅だったので、昨日、酔った勢いで、今度こそとばかりに年末ジャンボを大人買いしてしまいました。お酒が入っているときに買いものをしてはいけないというのが私の教訓です」

木崎「あら、何だかお酒の勢いで買ったほうがあたるような気がするわ」

川波「あたるような気がするって……酒の勢いで車にあたらないように気をつけてくれよ。じゃあ、次は富士さん」

富士「皆様のおかげで今年も無事に過ごすことができました。ありがとうございました。自分の近況では、おかげ様で、息子も無事に会社勤めを始めてホッとしています。お正月には遅まきながら韓国の冬のソナタ名所巡りにいってきます」

川波「ゆっくりと楽しんできてね。じゃあ次、泥酔女王、木崎さん」

木崎「泥酔するわけがないでしょう！　ビールなんて清涼飲料水ですから。それはさておき、まず仕事の話ですね。えー、この頃はメールレファレンスが飛躍的に増えているのを実感していますので、効率よく調査することが大事かなと思いました。それから、自分の近況ですが、ＦＦの新作が発売間近です。年末年始はその攻略に没頭します」

川波「せっかくいい話だったのに、後半はまたそういう話になってしまったな。木崎さんはホントにゲーマーなんだなあ。そういえば木崎さん、昨日も、世界を救いにいってきますと高らかに挨拶して帰っていったね。あのセリフもゲームと何か関係あるの？」

木崎「覚えておいででしたか。いやー、ＲＰＧゲームの世界にはまるとなかなか戻ってこられなくて。ゲーマー仲間とは、世界を救っていたら徹夜しちゃったとか、普段からそういう会話をしているものので。へへっ」

川波「木崎さんもイイ歳なんだから、徹夜でゲームなんぞおよしなさい。そんな暇があったら、レファレンスの勉強を……」

木崎「ごほごほ！　あっ持病が！　病弱なもので」

川波「病弱って……どの口がいうんだ。芋焼酎の原酒を飲みながらいうようなセリフじゃないだろう！

じゃあ次いこう。石尾さん」

石尾「この1年はあっという間に過ぎてしまいました。1年が過ぎるのが年々早くなるような気がします。ついこの間のベートーベンの第九についての調査が印象に残っているせいか、自宅で第九のＣＤを買ってしまいました。古いモノラルの演奏ですけど、ものすごい迫力で、1年の締めくくりにふさわしい曲だと改めて感じました。個人的な近況では、先週、和食のおいしい店を発見したのがうれしいです。今度みんなでお昼にいきましょうね」

富士「そういえば、私も、先週、第九を聴きにいきました。あかね市民合唱団の演奏もなかなかよかったです～」

石尾「富士さんは学生時代に合唱をやっていらしたのよね」

富士「そうなんです。子育ても一段落したし、また再開したいなあと思っているんですけど。確か秋本さんも合唱をやっていらしたのよね」

秋本「少しだけですけど。メゾソプラノでした」

伊予「何だかテーブル向こう半分では、高尚な話題が展開されているみたいだね」

川波「テーブルのこっち半分では、ひたすら飲むか、マニアックな話題ばかりだ」

木崎「私の経験則では、川波係長の半径1ｍ以内では、なぜかいつもそういう話題になってしまいます」

川波「いやいや、木崎さんの半径1m以内で発生する現象のように思うぞ。さあ、伊予さん」
伊予「トースターの調査では石尾さんの食道楽がとても役に立ちました。近況は……この一年は残念ながら奈良には二度、道後温泉にも一度しかいくことができませんでした。もっとのんびりしたいです。ところで係長、僕が携帯をあまり持ち歩かないからって、定宿にまで電話してくるの、やめてくれませんかね」
川波「確か五月頃、奈良にいるならソというお菓子を探して買ってきてよ、とか電話したんだっけ」
秋本「えっ、そんな裏話があったの。あまりにタイミングがいいお土産だったから不思議だったんです」
川波「突然休暇をとってしまうんだから、そのくらいの無理はいいんじゃないの?」
伊予「いやいや、それだけじゃなくて、奈良の地酒「春鹿」の季節限定酒も買ってきてくれともいっていましたけど」
富士「十二月十二日のお札の調査でも、旅先の関西の図書館で調べてきていただいてありがとうございました」

秋本「そのお札、図書館にも貼ってみませんか。本の盗難防止になるかもよ」
川波「お札に頼るより、お客様のモラルに訴えましょう。それから伊予さん、去年の夏にアルバイトしていた上田彩乃ちゃんとは連絡をとっているかな。梅酒か何かのCMソングが彩乃ちゃんの声みたいだったけど」
伊予「たまにメールとかやり取りしているけど。マイナーなりに頑張っているみたい。また、そのうち顔を出すって」
川波「じゃ、佐竹さん」
佐竹「今年も上野を始め、博物館に多く通いました。夏からひとり暮らしを始めたのですが、なかなか自炊の要領がつかめなくて……。日持ちする簡単料理とか、アドバイスがあれば教えてください」
伊予「自分は買ったものはすぐに使い切るようにしているなあ」
木崎「おじさんのひとり暮らしの話は聞いていませんから!」
本宮「納豆に豆腐を入れて食べるのも意外にいけるよ」
川波「大豆・イン・大豆だね」

横道「日持ちする料理じゃないみたいだけど」
本宮「でも、簡単なんですよ！」
石尾「トリは係長ですよ」
川波「ことし1年、みんな本当にがんばってくれました。若手のメンバーは力を伸ばしたし、中堅やベテランはよく指導してくれました。えー、それから自分の近況か……今年もジャンルを問わず幅広い飲酒生活を頑張りました。でも、奥さんからはこれからはお酒を控えて、健康と家計にやさしい生活を送りなさいと叱られてしまいました。年末年始、お互いに飲み過ぎないようにしましょう。では、これで宴会を終わります。では、みなさん、この1年、お疲れさま！　よいお年を！」
一同「よいお年を！」

冬から春　ぬくもりの章

――「小雪舞い 人が立ち寄る 温かさ」

昔、計算に使った木の棒の使い方は

伊予 高史

年明けの開館初日の午前中、「今年もあかね市立図書館をよろしくお願いいたします」などと、館内のメッセージボードに書いていると、「今年もよろしく」と声をかけられた。振り返ると、骨董ほねほね堂を営むWさん。このところ、なぜかWさんに気に入られてしまったようで、いつも自分の姿を探しては相談を持ちかけられる。カウンターにいる当番の職員に対応してもらってもよいのだが、あまり忙しそうでない頃合をWさんも見計らっているらしく、つい引き受けるはめになる。おまけにWさんからの相談は一筋縄ではいかないものが多い。

Wさんは見せたいものがあるといい、机の上に風呂敷を広げ、時代がかった木製の小箱を取り出した。箱のふたを開けると、中にはマッチ棒を少し太くしたくらいの木の棒が何十本か詰まっていた。「なんですか、これ」とたずねると、名称は知らないが、昔、計算に使った道具だという。

思いついたように「あんた、買わないか」と聞かれたが、職務中であるし、それ以前に骨董品に興味がないので「いりません」と即答した。

「この棒でどうやって計算するのか、やさしく書いてある本はないかね」

博物館の学芸員にでも聞いたほうがよいのではと思うが、以前、紫式部が愛用した筆の真贋で意見が合わなかったということを、Wさんから聞いたことがあったような。個人的な事情はどうでもいいし、鑑定的なことだったら図書館では断るんだけど、そういうわけでもないから調べてみるか、と調査開始。

えーと、どこから手をつけよう。キーワードのない調べものは意外と手こずるんだよね。民具だから民俗学か、計算だから数学って手もあるかと思案して、結局、そろばん（珠算）から調べていくことにした。この木の棒はそろばんではないが、そろばんの本を見ていけば、昔の計算法についての記載が見つかるかもしれないと思いついたからだ。

Wさんにこのような考えを説明しながら数学の書架に向かった。自分の調べている行為をそのまま説明するのが、調べもののコツのわかりやすい伝え方ではないか、と最近感じるようになった。しかし残念ながら、書架にあったそろばん関係の数冊の本には手がかりがなくハズれてしまったようだ。そのまま引き返すのも格好悪いなと思っていると、そろばんの本の隣に和算の本が並んでいるのが目についた。

……江戸時代の数学か、和算の本に出ている可能性もあるな。そういえば最近、新刊情報をチェックしていると、和算がらみの出版が多いんだよね。算額とか関孝和とか、日本文化の再発見みたいな感じで。なかなか少ない予算では買いきれないんだけど。それに比べるとそろばんの本はあまり見ないような気がする。今度の選書の会議までに何冊か候補をリストアップしてみるか。

などと、脇道にそれたことを考えながら、とっつきやすそうな『和算を楽しむ』[1]という新書を手にした。ぱらぱらとめくっていると16ページに、Wさんが持っていたのと同じような棒の写真が出ているではないか。ラッキー、これかも。へえ、算木と呼ぶらしい。数によって棒の置き方も決まっているのか。赤い色の棒でプラス、黒い色の棒でマイナスを表すのは、現代の赤字・黒字の感覚からすると逆なんだね。

もう1冊くらい確認しておこうと、同じ著者の『中学数学で解ける和算百話』[2]を見たところ「計算道具」「算木による掛け算」「算木を使って割り算」などの項目があり、掛け算・割り算の実例がより詳しく出ていた。計算には算盤《さんばん》という升目を用い、高次方程式も解くことができる天元術もあるそうだ。

Wさんに該当個所を示し、断定はできないが「算木に似てますけど」と説明した。しばらく本に目をとおしたWさんは「この算木のことで間違いないだろう」と納得した様子。算木の使い方もわかってよかったという。ただ自分の知っている算木は易占いで用いるもので「その算木との関係はあるのか」と疑問に思われたとのこと。

さすが骨董屋さん、いろんなこと知っているな。引き続き和算関係の本を何冊か見直したが易占いとの関係は書かれていないようだ。余談ながら「算を乱す」は、算木が由来の言葉だと知った。

和算の棚だけでなく、日本・中国の数学史に関する本にもあたってみる。算木を取りあげている本も何冊かあった。例えば『新・図説数学史』[3]には「算という字も、もともと筭と書いていたように、文字どおり竹を弄《もてあそ》んで計算していたのである。易占いにも算木を用いるが、計算に用いる算木は、易占い用のものよりひとまわり小さい」とある。『マンガおはなし数学史』[4]には、そろばんの伝来の説明で「それまで中国ではぜい竹で計算していました。今では占いにしか使いませんがこれは計算器具だったのです」とある。易占いとの関連はありそうだが、もう少しはっきりと書いてあるものが望ましい。

これ以上、数学の本で調査は進みそうもなかったので「易学の本を調べてみましょうか」とWさんに話しを向けると「易学については詳しいし、自宅にも本はたくさんあるから自分で調べられる」とのこと。

ふいに「あんた、仕事で悩んでいるだろう、占ってやろうか」と聞かれたが、職務中であるし、それ以前に占いに興味がないので「けっこうです」と即答した。仕事で悩んでいるというのはあたっている……というか、毎朝もう3時間くらいのんびり寝ていたいだけなんだけど。Wさんの探している情報が図書館のどこで見つかるのかを占えるといいですねといいかけたが、本当に占いを始められても困るので口にはしなかった。

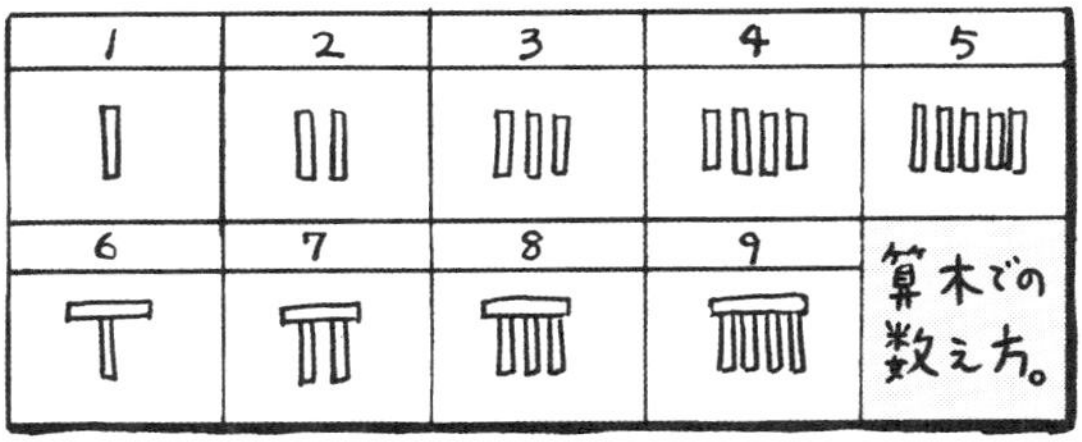

Wさんは、算木の使い方を知る目的は達成したし、易占いの算木との関連は何となく気になっただけなので、ごく一般的なことがわかれば十分だという。

そこで、基本的な参考図書を確認することにした。「算木」という言葉もわかったので事典類も引きやすい。Wさんと参考図書コーナーに移動した。

まず、百科辞典をいくつか見ると「算木」の項目があり、易占いに用いる算木と計算に用いる算木とが併記されていたが、両者の関連についての記述はない。例えば『日本大百科全書』[5]によると、易占いの算木は「易者が筮竹《ぜいちく》を使って易占をするとき、自己の記憶のためと客に結果を示すため、6個の長方形の小さな木片を並べる」とあり、計算の算木は「中国では、算、籌《ちゅう》、策などとよび、日本では算木と称する」とある。日本に伝来した時に同じ名前で呼ばれるようになったのであろうか。どちらも古代中国に由来があるし、易占いに用いる算木も色で陰と陽を表すところなど、素人目には関連がありそうな気がするんだけど。

算木は日本での名称というので、定番の『日本国語大辞典』[6]にあたってみる。「算木」の項目にとくに目新しい情報はなかったので閉じようとしたが、よく見ると補注として「日本の現存最古の算木は平安時代のもので、中国からもたらされた。（中略、「説文解字《せつもんかいじ》」を引用し）計算具であると同時に占いのためにも用いられた」とあった。

よしっ、短かい一文ではあるが関連を示す記述には違いない。

和算の本でも最古の算木といった記述を見かけた覚えがあったので、Wさんが抱えていた先ほどの

『中学数学で解ける和算百話』を確認すると「現存する当時の算木は奈良東大寺の二月堂のものといわれていますが、これは食事に使う箸のような細長い棒です」とあった。諸説あるのかもしれないけど、この算木のことかな。他の本で東大寺の算木の写真も見かけたような……、と和算の棚に引き返す。専門的すぎるので書架に戻した『算木を超えた男 もう一つの近代数学の誕生と関孝和』[7]という本をめくり直すと、85ページに「奈良東大寺二月堂に保存されている算木」の写真が出ていた。

Wさんは「ほう、そんなに昔からの品もあるのか」と熱心にメモをとっている。骨董の世界はわからないけれど、付加価値にでもなるのかな。

中国から伝わったということなので、中国関係の事柄も詳しい『大漢和辞典』[8]で「算木」を引くと「計算器の一種」と「易占に用いて卦《け》を示す具」の2つの意味が出ているが、やはり関連については触れられてはいなかった。確か中国の呼び方は「算」だと百科事典に書いてあったっけ。「算」の項目の冒頭で字の意味を確認すると「暦・数を数える法」の説明として「算術。古は竹管の径一分、長さ六寸のもの二百七十一本を用いた。其の法は黄帝の史官、隷首に始まるという」とある。このあたりが算木の原点であろうか。暦にも使っていたのだとすると、計算と易占いが近くなったような気もする。暦の方面からも調査を進めることができそうだとアドバイスをしておく。

Wさんは、店を空けたままきてしまったので、そろそろ不安になってきたから帰らねばという。

これまで見てきた何冊かの貸出手続きをするため、カウンターに向かうと、本宮さんが年末年始の休館中にブックポストに返却されていた本の処理をしていた。積み上げられた本の中に『江戸を割る[9]

和算とトリック・占いの不思議なつながり』が目につく。「えっ」とWさんと顔を見合わせ、その本を一緒にめくっていくと、第2章「算木が告げる未来」にて、和算研究家の視点から易占いの算木についての説明がされていた。「算木と占いのつながりについては、2つの側面がありました。ひとつは計算によって吉凶を導くタイプの占いがあった、ということ。もうひとつは算木のような棒に少し加工をほどこして、占いにも使用できるようにしたタイプがあった、という意味でもあります」と記されている。江戸時代には、胎児の性別判断、病気のなりゆきの算出、狂言の小道具などにも算木を用いたそうだ。

……途中でカウンターに引き返して「和算」をキーワードに蔵書検索していたら、この本はヒットしていたのに。直接書架にあたるだけでなく、蔵書検索やインターネットの活用など、バランスよく組み立てることが大切なんだけど、今回はWさんのペースにはまってしまった感じ。新年の開館初日だから勘が鈍っているのかもな。

Wさんは「今まで調べてきたからこそ、この本に書かれていることも、よく理解できる。しかし、自分なりの説も考えてみたくなった」と楽しげだ。

ひとつの調査から気がついたこともある。

事務室に戻って席にいた石尾さんに経緯を話す。

「調べていて思ったんだけど、歴史を好きな人は和算の本にも興味があるかもしれないけど、そもそも数学の棚に和算の本があることに気づかない人も多いだろうな」

「学校の先生なんかも和算に関心ある人が多いみたいだよ」

「そうした人にきっかけを持ってもらうのが難しいんだ。図書館の長所が生かせるのにな」

「伊予さんが調べたのとは逆だけど、易占いからの視点だったら興味を引きやすいかも。ちょうど新年の企画によくないかな」

「お、いいね。おみくじ風にアレンジしていろんな書架を案内してみようか。分類［41］の数学がラッキーポイントとか」

占い好きの秋本さんも交えて話しがはずむ。企画がまとまっていく時はこんなものである。


【主な使用資料】

1『和算を楽しむ』佐藤健一著 ちくまプリマー新書 2006年
2『中学数学で解ける和算百話』佐藤健一著 東洋書店 2007年
3『新・図説数学史』田村三郎・コタニマサオ著 現代数学社 2008年
4『マンガおはなし数学史』仲田紀夫原作 佐々木ケン漫画 講談社ブルーバックス 2000年
5『日本大百科全書 10：第2版』小学館 1994年
6『日本国語大辞典 第2巻：第2版』小学館 2001年
7『算木を超えた男 もう一つの近代数学の誕生と関孝和』王青翔著 東洋書店 1999年
8『大漢和辞典：修正第2版』大修館書店 1990年（旧字や仮名遣いは改めて引用した）
9『江戸を割る 和算とトリック・占いの不思議なつながり』西田知己著 研成社 2008年

「近くにある手がかり」

伊予さんは最初、昔の計算の道具ということで、そろばんの本に何か出ているかもしれないと考え、隣に並んでいた和算の本に気がつきました。和算は数学の棚の一番後ろに分類されています。数学の書架に江戸時代に関する本があるのは見落としがちかもしれませんが、幅広く棚を見回すことによって目にとまる可能性は高まります。算木という言葉がわかってからは、次々と手がかりが集まりました。伊予さんも「こんなところからも調べられますよ」と伝えたいようですね。漠然とした事柄から関心の所在が絞れれば専門書や雑誌文献などを用い、さらに深く掘り下げていく調査もできそうです。

仏像の身長に基準はあるの

木崎 ふゆみ

「仏像の大きさの基準は1丈6尺で、これは釈迦《しゃか》の身長がもとになって決められているそうです。1丈6尺は4・8mで、現実にはありえない高さですが、釈迦の身長が1丈6尺と書かれた資料はありますか？　できれば、経典などに書かれたものを見たい」とのメールレファレンスが回ってきた。

仏像に関するレファレンスですか。こいつは新春から縁起がいいや。しかし、どちらかというと奈良好きの伊予さんのほうが向いているのではないだろうか。と思うも「順番なんだし、あたったレファレンスは自分でやらないと」と軽くいなされてしまう。「自分だって、しょっちゅう川波係長にダイイングメッセージ残してレファレンスまかせたまま逃亡してるじゃないの」とは、武士の情けでいわないでおく。

伊予さんほどではないが、私だって奈良は好きだ。仏像にはあまり詳しくないが、お寺めぐりは嫌いじゃないのでそれなりの数、仏像は見ている（と思う）。仏像イン仏像のような極小サイズから奈良の大仏クラスまである仏像に、大きさの基準なんてあるのかなぁ。

まずはインターネットで情報を収集してみる。お寺の公式サイトから個人のブログまでたくさんの情報がヒットした。「様々な経典で、釈迦の身長は1丈6尺とされている」「その大きさの仏像は一般に丈六仏と呼ばれている」ことはわかったが、根拠については手がかりなし。

とりあえずは正攻法で調査を進めましょう。まずは『日本大百科全書』[1]にて「仏像」の項を調べる。

「仏陀《ぶっだ》の形を絵画、彫刻その他の造形形式によって表現したもの。厳密には仏《ぶつ》とは如来《にょらい》のこと」で、仏像が現れるのは、仏滅後500年ほどを経た紀元後一〇〇年頃からだという。

また、「釈迦」の項の説明によると、ネパール南部の国王、浄飯王《じょうぼんのう》の長子で、釈迦の呼称は種族名に由来し、尊称して釈迦牟尼《むに》と呼ばれ、釈尊と漢訳する。姓はゴータマGotama, Gautama、名はシッダッタSiddhattha、シッダールタSiddhartha（悉達多《しつだるた》と音写）といい、多くは、覚者（悟った人）を表す普通名詞を固有名詞化して、仏陀（ブッダBuddha）または仏と呼ばれ、これが転訛《てんか》して日本では「ほとけ」となる。さらに如来《にょらい》や勝者《しょうじゃ》など、多数の名で呼ばれ、これを名号《みょうごう》と称するという。

……いろいろあるんですね、呼称。

続けて「丈六仏」の項を探す。ブツはないが、ゾウがあった。「丈六像」という項に、「仏像の像高の一規準で、立像の高さが1丈6尺（約4・8メートル）ある仏像のこと。丈六という像高の規準は、経典に仏（釈迦）の背の高さが普通のインド人の身長（4肘《ちゅう》）の2倍（8肘）とあるのに基づき、中国で唐大尺（1尺＝約30センチメートル）の2尺を1肘と換算して定めたもの」とある。

続いて仏像関係の事典類にあたってみる。

『仏教美術事典』[2]の「丈六」の項に、「仏像の大きさの基準で、髪際《はっさい》ないしは頭頂から測った像高が、立像で1丈6尺の像を指し、挫像であれば座高が8尺の像をいう。（略）釈迦は偉丈夫で、人間の身長8尺の倍の1丈6尺と解釈されたようで、経典中に巨身丈六、仏身丈六などの文言がみえる」とある。さらにこのサイズはインド、中国、韓国でも造像に際しての基本的な単位として認められているという。ほほう、丈六というのは国際規格なわけですね。

また、日本についての情報もあり、「『日本書紀』用明天皇二年条の坂田寺の丈六木像などが記録されており、造像に際しての基本的な単位として認められている」とある。

年表で確認してみると、用明天皇二年は、西暦五八七年にあたる。少なくとも、六世紀には、「丈六仏」は存在していたことになる。できればこの年代より前に成立した経典で証拠をつかみたいところである。

さらに仏像関係の本を見るが、これまでに得た情報以上のことは出てこない。「いろいろな経典に書いてある」そうなのだが、どの経典にどう載っているのかはさっぱりだ。原典書いてよ、原典。

調査の過程で、仏の身体の特徴をまとめた「三十二相八十種好《さんじゅうにそうはちじっしゅこう》」や、仏像を製作するときのルールを細かく定めた「儀軌《ぎき》」というものがあるということがわかったが、三十二相には身長に関するものはなく、八十種好に至っては総覧できる資料が見つからない。「儀軌」についても、あかね市立図書館所蔵の資料では具体的な情報が調べられない。

本来であれば経典そのものにあたるのが望ましいのだが、これがなかなか難しい。大正新脩大蔵《たいしょうしんしゅうだいぞう》経《きょう》全85巻全典籍の成立・内容・著編者・後世への影響などを解説した『大蔵経全解説大事典』[3]に掲載されている仏教典籍数は２９２０点。一方、あかね市立図書館で所蔵している経典や解説本は、「般若心経」「法華経」など日本人におなじみのものが中心である。

しかし、インターネット時代です世の中は。もしや経典が一覧できるデータベースがないものかと、「経典」「仏教書」「データベース」などで検索してみると、[4]〈大正新脩大藏經テキストデータベース〉があることがわかった。やはりこの世に神、いや仏はおわすのですね。

ところで、さきほどから登場している、大正新脩大蔵経とは何か。

『日本大百科全書』の情報を参考に紹介すると、全１００巻（本蔵85巻、目録3巻、図像12巻）からなる仏教の一大叢書《そうしょ》。一九二二年（大正十一）にこの事業が着手されたのでこの名がつけられ、『大正蔵経』または『大正蔵』と略称されるという。「大蔵経の決定版であり、内外の学者が学術論文に仏典を引用する場合は、『大正蔵』の巻数、ページ数、段数を明示するのが通例」になっているくらい、定番の資料なのだ。

データベースは、東京大学大学院人文社会系研究科内「大藏經テキストデータベース研究会」が作成したもの。さっそく、「丈六」「八尺」「仏身丈六」などをキーワードに検索してみると、「調達身長丈五四寸。佛身長丈六尺。難陀《なんだ》身長丈五四寸。阿難《あなん》身長丈五三寸」（佛説十二遊經《ぶっせつじゅうにゆきょう》）、「釋迦牟尼佛《しゃかむにぶつ》身長丈六」（佛説觀佛三昧海經《ぶっせつかんぶつざんまいかいきょう》）、「云佛衣量佛身丈六常人半之衣量廣長皆應半也佛弟難陀」（薩婆多毘尼《さつばたびに》毘婆沙《びばしゃ》）他けっこうな量の情報がヒットした。

何となくどの経典も、仏像の高さをいっているような気がしないでもないが、「佛説十二遊經」に関しては、他の人？　と一緒に身長が明記されているあたり、人間だった頃？　の仏陀の身長のことかも、と期待が高まる。データベースの検索結果から展開して、経典本文を表示させることができるのでさっそく見てみると、仏陀の家族のこと（「白浄王有二子。其大名悉達。其小子名難陀。菩薩母名摩耶」）や、仏陀の誕生日（「佛以四月八日生」）にも触れられていた。

『大蔵経全解説大事典』で確認すると、「仏説十二遊経」は、紀元前後から3世紀頃に成立したとされ、仏陀が悟りを開いたのちの12年間の遊行中の仏伝を中心として、釈迦族の祖先と家系、仏の降誕から出家までが描かれている。その内容は他の資料とは一致せず、独特のものだそうだ。

データベースでヒットした他の経典についても確認してみたが、「仏説十二遊経」が、一番成立年

仏の特徴は「三十二相八十種好」っていうんだよ
見る？
へー沢山あるんだ
長指相
10本の指が微かで長い
正立手摩膝相
直立したとき両手が膝に届き、手先が膝をなでるくらい長い
牙白相
四牙あり、白く大きく鋭利堅固である
パラ…
大舌相
舌が口から出すと髪の生え際にまで届く
白毫相
眉間に白毛があり、一丈五尺ある
などなど…
…妖怪？
想像力豊かすぎるよねー昔の人って
あはは

代が古い。

このデータベースをもって回答にしてもよいのだが、可能なら紙媒体の資料、それも日本語読み下し文がついている資料で回答したい。しかし残念ながらというかある意味当然というか、あかね市立図書館には、「仏説十二遊経」を解説した図書はない。

困ったときの他図書館頼みということで、県立の図書館と県内の大規模公共図書館のＯＰＡＣで全項目検索を試してみる。全項目検索は、書名検索や著者名検索のように検索対象を限定せず、資料データに含まれるすべての情報を検索してくれる便利な機能だ。結果、某市の図書館で所蔵している[5]『国訳一切経印度撰述部 本縁部６』に、「仏説十二遊経」が収録されていることがわかった。しかも、常盤大定訳、とある。日本語になっているなら大変ありがたい。県立の図書館では、内容までデータ化されていなかったためヒットしなかったが、書名で検索しなおしたところ所蔵が確認できたので、さっそく借用の手続きを行う。

届いた図書を見てみると、日本語に翻訳されているだけでなく、注までついていた！ なんて素晴らしい。まあ、翻訳といっても、今回の回答に必要な部分は、ほぼ原文のままではあるが。（「調達の身長は丈五四寸、佛の身長は丈六尺、難陀の身長は丈五四寸、阿難の身長は丈五三寸なり」）

しかし、「白浄（Suddhodana）即ち浄飯王なり」、「悉多（Siddhartha）。佛の出家前に於ける稱呼」などの注がしっかりついていて、証拠固めにはありがたい。

また、「仏説十二遊経」で使われている言葉を適宜組み合わせてインターネットで検索したところ、

「祖堂集巻 第一」がヒットした。〈花園大学国際禅学研究所〉[6]によるホームページで、「祖堂集」というのは、「五代南唐の保大十年（九五二）に静・均二禅徳が編集した初期禅宗史伝の一つ」。高麗大蔵経の蔵外補版として開板せられた版木が二十世紀初めに発見されるまで、中国・日本の仏教史上においてその存在は知られていなかったという。『大蔵経全解説大事典』と〈大正新脩大藏經テキストデータベース〉[5]を確認してみたが、確かに「祖堂集」の名は出てこない。

それはさておき、この文献も、ありがたいことに日本語翻訳版。該当部分には、「浄飯王に二太子有り、一には悉達多と名づく、則ち是れ仏にして、四月八日に生れ、身長は丈六なり」とあった。浄飯王は白浄と同一人物と「仏説十二遊経」の注にあったし、調達や阿難についても同じ記述がされている。

十世紀の成立なので年代としては新しいが、この記述内容なら回答に使えるかな、と思いつつ、戯《たわむ》れに「祖堂集」をＯＰＡＣで蔵書検索してみたところ、なんと、あかね市立図書館で所蔵しておりました！　有名どころの経典や仏教書しか置いてないとかいってごめん！　さすがです、あかね市立図書館。

「祖堂集」が収録されている『世界の名著 続３ 禅語録』[7]をさっそく書庫に取りにいく。問題の記述部分の注を確認してみると、「〈浄飯王に二人の太子が〉……以下は「十二遊経」の説による「釈迦氏譜」の引用」との解説がされていた。これはありがたい情報だ。

『大蔵経全解説大事典』によると、「釈迦氏譜」は、六六五年の成立で、仏陀に関する事跡を大小乗の経律論の中から採取してまとめたものとある。〈大正新脩大藏經テキストデータベース〉で「釈迦氏譜」を調べると、「十二遊經云。（略）菩薩四月八日明星出時生。有長一丈六尺」と、出典が「仏説十二遊経」であることが明記されていた。調査の内容とは関係ないけど、ここでは「菩薩」なのですね。お名前がたくさんで、けっこうなことでございます。

調べた中では「仏説十二遊経」が一番古く、他の経典の記述の元になっていたことがわかった。『世界の名著』、侮《あなど》りがたし。

質問者には、『国訳一切経印度撰述部 本縁部6』と『世界の名著 続3 禅語録』、インターネット情報として、〈花園大学国際禅学研究所〉のホームページと〈大正新脩大藏經テキストデータベース〉をご案内して回答とした。

【主な使用資料】

1『日本大百科全書20：第2版』小学館 1994年
2『仏教美術事典』東京書籍 2002年
3『大蔵経全解説大事典』鎌田茂雄ほか編 雄山閣出版 1998年
4〈大正新脩大藏經テキストデータベース〉大藏經テキストデータベース研究会 http://21dzk.l.u-tokyo.ac.jp/SAT/
5『国訳一切経印度撰述部 本縁部6：改訂版』大東出版社 1971年
6〈花園大学国際禅学研究所〉 http://iriz.hanazono.ac.jp/

7『世界の名著 続3 禅語録』中央公論社 1974年

「持ち味の組み合わせ」

仏教関係の参考図書は内容が比較的充実しているし、仏教や仏像について読みやすく書かれた本も多数刊行されています。しかし、経典にて「丈六」を探すとなると、なかなか困難だったようです。結局、経典の語句はデータベースの検索機能で見つけ、訳や注記・解説が充実している本で確認しながら、両者の長所を生かす形で質問者の要望に沿う回答をすることができました。情報は媒体によって特徴があります。この調べものだったら何が役立ちそうか、さらに他の情報媒体で補完できないか、それぞれの持ち味を引き出すと効果的な調査ができると思います。

「ふきずり」という資料を見たい。俳句関係の本だと思う

秋本 尚美

今日のテレビの占いが、「Vネックのセーターでおしゃれに」なんていうものだから、首の開いたセーターを着てきたら、思いのほか図書館は寒かった。エコのため事務室のエアコンの設定温度をさらに下げたらしい。冬に首を冷やしちゃいけなかったわ。でも、さすがに川波係長のように、タオルは巻けないしと、防寒対策を考えていたら、年配の男性に声をかけられた。

「『ふきずり』という本を探しているんだが、この図書館にあるかね？」

「『ふきずり』というのが、本の名前ですか？」

「たぶんそうだと思う。もしかしたら「ふき」は「蕗」だったかもしれないなぁ。正確にわからないと調べられないかね？」

「いえ、大丈夫です。読みでも検索できますから。では、今お調べしますので、お待ちください」

さっそく、OPACで「フキズリ」を蔵書検索してみるが、ヒット0件。念のため「フキヅリ」でも検索。やはりノーヒット。

「すみません、残念ながらうちでは所蔵していませんが、近隣の図書館で所蔵していれば、取り寄せ

られるかもしれませんから、他の図書館の所蔵もお調べしますね」

すぐに提携先の大学図書館、県内の公共図書館のＯＰＡＣで「フキズリ」と「フキヅリ」で検索してみるが、いずれも所蔵なし。東京都立図書館や、最後の頼みの綱の国立国会図書館も検索してみるが、やはり所蔵なし。

「主だった図書館の蔵書を探してみたのですが、どこも持っていないみたいです。この本のことは何でお知りになったのですか？」

「実は、趣味で俳句をやっているんだがねぇ。少し前に見た本に、いい俳句が載っていてねぇ。その俳句が、最初に載ったのが『ふきずり』だと書いてあったんで、是非この本を見てみたいと思ったんだ」

「その少し前にご覧になったという本は、うちの図書館の本ですか？」

うちの蔵書なら、本のほうから調査ができるかも！

「いや、東京の神田の古本屋で見て、気に入った俳句を走り書きしてきたんだよ。その時、本の名前も一緒にメモしてくればよかったんだけどねぇ。あんまり時間がなかったもんだから

……」

残念。本からの調査は無理か。俳句ねぇ、私は門外漢だし。

「すみません、お調べするのにもう少し時間をいただきたいのですが。後日ご連絡ということでもよろしいですか？」

「かまわんよ、特に急いでいるわけじゃないから」

「はい、ではわかり次第ご連絡いたします」

簡単な所蔵調査と思いきや、手ごわい調査になりそうな感じ。ここから先どうしようかな。とりあえず、インターネット検索してみよう。何か手がかりが得られるかも。

「ふきずり」で〈Google〉を検索した結果、秋田《あきた》蕗摺《ふきずり》という秋田の工芸品のページが複数ヒットした。もしかして秋田の地方出版物？　それならと、地方や小出版社の本が調べられる図書目録『あなたはこの本を知っていますか　’76―’94』（地方・小出版流通センター）を引いてみる。書名索引にある『蕗《ふき》の薹《とう》』に、目がとまるが仙台の出版社。ハズレ。地域別出版社索引もあるので、秋田の出版社で出した本を端から見てみるが、「ふきずり」はない。念のため最新版まで調べてみるが、やはり該当資料はなし。一九七六年以前の目録を所蔵していないので、この目録での調査はここまで。いい線だと思ったのにね。後は、俳句からの調査ね。俳句なら、同人誌の可能性もあると急に思いついて、参考図書コーナーに走り[1]『俳文学大辞典』を調べると、『蕗ずり』（俳誌）として載っていた。やった〜。

編集は安藤和風。明治三十二年に秋田市で創刊され、明治三十七年十二月に6巻6号で終刊とあり、のちに『俳詩』と誌名が変わっている。これに間違いなさそう、郷土誌なんだ。それも明治時代のね。

雑誌だということと、正式な誌名がわかったので、国立国会図書館のＯＰＡＣで雑誌を検索対象に選んで再検索。最初から図書と雑誌を一括検索しておけば、こんな二度手間にならずにすんだのに。失敗。

しかし、「蕗ずり」と「俳詩」の両方をキーワードに検索を試みたが、どちらもヒットせず。東京都立図書館のＯＰＡＣでも、「俳詩」で再検索してみるが所蔵なし。日本文学資料をたくさん所蔵している国立機関の国文学研究資料館のＯＰＡＣもノーヒット。変ねぇ。よっぽど珍しい雑誌なのかしら。困ったなぁ、関東近郊に所蔵館がないと閲覧は無理よね。秋田県立図書館なら所蔵していると思うけど、雑誌じゃ貸出してもらえる可能性はかなり低いし。ダメ元で〈秋田県立図書館のホームページ〉[2]のＯＰＡＣを図書・雑誌一括検索してみると、図書としてヒットした。どうやら雑誌をまとめて製本して、図書扱いにしたもののようだ。秋田県立図書館でも、1巻から3巻は所蔵がない。図書扱いならもしかして貸出可？　と少し期待して詳細画面をあけると、無情にも「貸出禁止」とある。秋田県立図書館のホームページには、県内図書館横断検索ボタンもあるので、試しに検索してみるが、秋田県立図書館以外の所蔵はなかった。

やっぱり明治時代の郷土資料だし貸出禁止よね。資料は見つかったけど、閲覧の手立てナシねぇ。一部なら複写依頼もできると思うんだけど……。でも、お客様は雑誌そのものを見たいとおっしゃっているわけで、秋田までいっていただくわけにもいかないし。やっとここまでたどりついたのに……。

せめて『蕗ずり』に関する情報を集めておこう。秋田県立図書館のホームページにあるデータベースを検索してみるが、目ぼしい情報は得られない。郷土資料はどうかな。特に県史や市史は、その郷土に特化した歴史的な事柄を探すには有効な資料よね。索引があれば、さらに詳細に調べることができる。もしかしたら秋田市史に何か手がかりが載っているかもしれない。

貸借可能な県立の図書館の蔵書を検索すると『秋田市史 第14巻 文芸・芸能編』[3]のほかに『秋田市史叢書2 文芸・芸能史料』[4]がヒットした。さっそく両方借り受けの手続きをして本の到着を待つ。届いた『秋田市史』を見てみると、『初志くれ』→『蕗ずり』→『俳詩』と誌名が変わって継続して刊行されていたことがわかる。そして凡例には、この市史に納められなかった資料は『秋田市史叢書』に収めるとあるので見てみると、前出3誌それぞれの目次が載っていて、内容が通覧できる。秋田県立図書館に所蔵がなく、欠号と思っていた『蕗ずり』の1巻から3巻は、『初志くれ』に該当することがわかった。また先の辞典『俳文学大辞典』にあった、明治三十二年に創刊というのも記述の誤りで、明治三十四年に『初志くれ』が創刊されたことが判明。これなら、目次をご覧頂いて、読みたい部分を複写依頼することもできそう。秋田市史には、『初志くれ』『蕗ずり』の表紙が掲載されており、『初志くれ』発刊時の経緯や、編者の安藤和風が、秋田魁新報の主筆として活動する一方で、俳人としても活躍していたことが記され、秋田文芸の豊かさがみてとれる。ホント俳諧の盛んなところだったのね。この資料も是非紹介してみよう。

『初志くれ』の所蔵調査をやっていなかったので、『蕗ずり』同様に、関東近郊の図書館の蔵書を検索してみるが、所蔵なし。ホームランを望んでいるわけじゃないけど、クリーンヒットのような調査をしてみたいなぁ。さしずめ私の今までの調査は、死球を選んで塁に出て、何とか盗塁決めて2塁まできたって感じ。ホームベースが踏めるのかしら？　ブツブツつぶやいていると、いつから私の独り言を聞いていたのか、石尾さんがアドバイスしてくれた。

「文学館とか、個人の蔵書やコレクションを集めた「文庫」を調べてみたら？　蔵書は公開してないかもしれないけど、問い合わせには応じてくれると思うわよ」

　そうか、その手がまだあったのだ！　忘れていた。いつも私のフォローをありがとうございます石尾さん。ではまずはご近所から。県内のコレクションが探せる『神奈川のふみくら 特別コレクション要覧』（有隣堂）を見てみると、目次は、文庫を主題別に並べていて、日本文学だけでもそこそこ数がある。こんなにコレクションがあったのね。県内くらいはちゃんと覚えておかなくちゃ。めぼしい文庫にあたりをつけて見てみるが、明治の俳句雑誌を所蔵していそうなコレクションを特定できなかった。それから、神奈川近代文学館を忘れていたので、ＯＰＡＣで検索してみるが所蔵なし。書架で隣に並んでいた[5]『類縁機関案内 東京・神奈川・千葉・埼玉』を開いてみると、こちらも目次は主題別で、日本文学のところに「俳句文学館」（東京都新宿区）と「日本近代文学館」（東京都目黒区）が見つかる。日本近代文学館はＯＰＡＣで蔵書が検索できるので、さっそく調べてみるが所蔵なし。俳句文学館の資料内容には「俳句雑誌約一五〇〇余種 約二十二万冊」とあり、かなり好感触。俳句文学館はインターネットで蔵書検索ができないため、直接問い合わせてみると、『初志くれ』は明治三十四年十一月号・十二月号、『蕗ずり』は明治三十五年一〜八月号を所蔵しているとの回答。残念ながら『俳詩』の所蔵はなし。

俳句文学館のホームページで最新の利用案内をみると、会員でないと入室料が百円かかるようだが、紹介状等の面倒な手続きは必要ないみたい。なんとか現物がご覧いただけそう。あかね市からは、ちょっと遠いけれど神田までお出かけになるお客様なら、大丈夫かな。これでやっとホームベースが踏めた感じ。石尾さんのヒットのおかげです。

『類縁機関案内』が一九九七年の発行でちょっと古いため、その後新しい文学館ができているかもしれないと思い、『全国文学館ガイド』（小学館 二〇〇五年）も見てみるが、俳句雑誌を所蔵していそうな新しい文学館（関東エリア）はなかった。今日はまもなく閉館だし、明日は休館日だから、明後日、調査結果をご連絡することにしよう。

久々の観劇。いつもながら吉右衛門様はいい味をだしていらっしゃったわ。歌舞伎座はまだお正月気分で、華やかな着物姿の女性の多いこと。今年は観劇三昧しちゃいましょ。去年は5年ぶりに図書館に戻ってきて、勘が戻らず余裕がなかったから、休日は自宅でのんびりが日常化していたもの。でもようやく仕事にも慣れてきたし。2月には文楽にもいかなくちゃ。

そうだ、今日は古書サイトで『演劇界』（日本演劇社）の古い号を探してみよう。買い損なった「新之助（現、海老蔵）の源氏物語」の号が見つかるといいな。あの当時の海老蔵人気はすごくて、うっかりしていたら売り切れちゃったのよね。私のお目当ては、菊之助の紫の上だったのに。可憐でうっとりするくらい美しかったもの。さっそく、〈日本の古本屋〉[6]のサイトを検索すると、「三代の源氏物語」（第58巻第6号 平成十二年五月）がヒットした。もう9年も前になるのね。そういえば、昨日所蔵調査した俳句関係の雑誌も、古書サイトで検索すると案外ヒットするかも。試してみよう。『蕗ずり』で検索をしてみると1件ヒット。秋田市内の古書店が、『蕗ずり』と『初時雨』（秋田市史に初志くれ＝初時雨とある）の2誌26冊の雑誌を載せていた。そして詳細情報には、本の状態が具体的に記載されていた。古書だからなのね。トラブルを未然に防ぐためなのかな?

この情報も一応、お知らせしてみようかな。古本屋めぐりをなさるお客様には有益な情報かもしれない。購入するかどうかはお客様が判断なさることだから。

【主な使用資料】

1 『俳文学大辞典』 角川書店 1996年
2 〈秋田県立図書館のホームページ〉 http://www.apl.pref.akita.jp/
3 『秋田市史 第14巻 文芸・芸能編』 秋田市 1998年
4 『秋田市史叢書2 文芸・芸能史料』 秋田市 1998年
5 『類縁機関案内 東京・神奈川・千葉・埼玉』 相模女子大学附属図書館 1997年
6 〈日本の古本屋〉 http://www.kosho.or.jp/servlet/top

「検索できない情報」

今回の調査のように同人誌的な文芸雑誌などは、地元の図書館または専門図書館でしか所蔵していないことも多いのです。いろいろな図書館の所蔵資料をインターネットで調べられるようになりましたが、すべてを検索できるとは限りません。例えば文学者・研究者などが蔵書やコレクションをまとめて寄贈し「○○文庫」のように扱われる場合、通常のＯＰＡＣ検索ではヒットしなかったり、冊子目録でしか確かめられなかったりすることもあります。図書館での所蔵が確認できなくても、文学館・博物館などの資料室で閲覧できるケースや、秋本さんが見つけたような古書店の情報が参考になることもあります。検索できない情報がどこにあるのか、図書館の枠を越えて考えてみるのもよいでしょう。

戸口にまつわる剣豪の逸話を知りたい

本宮 美里

「この本、所定の棚に見つからないんだけど」

とお客様から声をかけられた。周辺の棚も探してみたそうだが、見つからなかったとのこと。

「もしかしたら貸出中かもしれませんね。確認してみますので少々お待ち下さい」

しかし、その本のデータを見てみたが、貸出中ではない。書名と請求記号をメモして、いざ書架へ。

うーん、確かに所定の場所にはないみたい。誰か他のお客様が館内で読んでいるのか、全く別の場所に入れられてしまっているのか、はたまた貸出の処理ミスかなど、いろんな可能性が思い浮かぶ。探している本の分類番号は「３３６」。とりあえず、「３３０」から「３３９」までの本をラベルに人さし指をかざしながら、目を皿のようにして書架を探していく。が、見つからない……。もしやと思い、「３６６」の書架を見てみると、あった！「３３６」と「３６６」ってけっこう間違いやすいんだよね、ぱっと見た感じが似ているからかな。行方不明の本を探す時には、想像力を働かせる。例えば、お客様だったら読み終わった本をどこに置くだろうとか、自分だったらどんな配架ミスをしてしまうだろうとか、その行動を想像しながら探すと見つかりやすい。それから本の大きさや厚さ（ページ数）

を イメージして探すのもポイントだ。薄い本だったら、他の本にはさまっていたり、書架の後ろに落ちていたりということもある。また、自分一人で探して見つからない時には、他のスタッフにも探してもらうと意外に見つかったりする。別の目で探すというのも有効な手段である。急いでお客様のもとにお探しの本を届けて一件落着。

ほっとしたのも束の間、カウンターに戻ると、石尾さんからお呼びがかかった。なにやら石尾さんがお客様からレファレンスを受けている最中に、さらに別のお客様から話しかけられている状況のようだ。話が終わるまで少し待ってくだされればいいのに、たまにせっかちなお客様がいる。手が空いているのはどうやら私だけみたいで、対応お願い、と石尾さんから目で合図が飛んできた。見れば頑固そうなおじいさん。怒鳴るようなしゃべり方でちょっと怖い。勇気を出して、「何かお探しですか?」と聞いてみると、「宮本武蔵の逸話で、戸口の上に角材を挟んでおいたら、その入り口を避けて通らなかったという話があるそうだが詳しく知りたい。時間がないから早く調べてくれ」

「宮本武蔵の逸話ですね。お探しいたしますのでお待ちください」

有名な逸話だったら、宮本武蔵の伝記に載っていそう。この本なら書いてあるだろうと『宮本武蔵のすべて』[1]を見てみたが、どこにもそのような逸話は載っていない。その他にも宮本武蔵関係の本をめくってみたが見つからない。すぐに調べがつくと思っていただけに内心かなり動揺。それほど知られた逸話ではないのかも。それとも宮本武蔵の逸話じゃないとか、と思ってお客様に、「それは有名な逸話なのでしょうか?　宮本武蔵関係の本を何冊か調べてみたのですが、今のところ見つかっていません。他の人物の可能性はないですかね」と確認してみた。

「なんだ、まだ見つからんのか。有名な話かどうかはわからんが、宮本武蔵で間違いない」

少しイラついているご様子。動揺がだんだん焦りに変わっていく……。早く見つけなければ。

逸話を集めた事典があるのではと思いＯＰＡＣで「逸話」と入れて蔵書検索。『世界人物逸話大事典』[2]なる本がヒットしてきた。さすがにこれには載っているだろうと、急いで宮本武蔵のページを開く。だけど、お客様が探しているような逸話は見あたらない。ううっ、どうしよう。見つからないよー。

こうなったら〈Google〉で何か手がかりを！　と思って検索してみる。「宮本武蔵　逸話」「宮本武蔵　逸話　角材」などのキーワードで試してみたが、焦っているせいかうまく探せない。

「もういい！　わしは時間がないんだ。全く役に立たん図書館だな」

あれこれ調べているうちに、しびれを切らしたお客様が怒って帰ってしまわれた。

「申し訳ございません」と頭を下げながら、お客様に対して

申し訳ない気持ちと情けない気持ちで泣きたくなった。はあ、ホント自分にがっかり。

しょぼんとしながら、かくかくしかじかと川波係長にことの顛末を報告する。

「時間がないと調べられないことだってあるから、はっきりそう伝えるのも必要だよ。ところでそれは、本当に宮本武蔵の逸話なのかい？　お客様の思い込みってこともあるかもしれないよ。別の人物と勘違いしている可能性もあるしな」

そばにいた秋本さんが、「あくまでマイペース、急ぎながらも平常心。わかってはいるけど、これがなかなか難しいのよね。特にあたりがきついお客様だと。相手のペースに引き込まれてしまって、焦って余計に見つからないなんてこと私も経験あるわ。こういうのは慣れよ、慣れ」

さすがは秋本さん。ベテランの職員さんはそういうことを経験してきているのね。場数を踏めば、私もできるようになるのかな。

今さら調べてもしょうがないけど、後学のためってことで最後まで調べてみることにした。宮本武蔵はいったん横に置いといてと。宮本武蔵じゃなかったら誰と勘違いするだろうか。同時代の別の武将とか剣豪とかかな。もしかして宮本武蔵と対決した佐々木小次郎と勘違いしていたりして。歴史はあまり得意ではないので、歴史上の人物があまり思い浮かばない。さっき調べた『世界人物逸話大事典』の人物索引であたりをつけて探していく。佐々木小次郎は載っていないし、徳川吉宗でも土方歳三でもない。

剣豪関係で探してみようと、[3]『素顔の剣豪たち』という本を手に取る。パラパラとページをめくっていくと、ん！　もしかしてこの話かも。なにげに目についたそのページには、戦国時代に活躍した塚原卜伝の話が書かれていた。この本の「豪胆で細心、卜伝の生き方」のところに、「跡取りを決めるのに、部屋の入口の暖簾の上に木枕をおいて入ってきたら落ちるようにして、3人の息子（史実では実子はいない）の器量を試し、入る前に仕掛けを見抜いた嫡子、彦四郎（実際は養子）に譲った話」とある。もうお客様はいないから確認はできないけど、なんだかこれっぽい。

　塚原卜伝の逸話ではないかとわかったところで、もう一度『世界人物逸話大事典』を調べてみると、塚原卜伝のページにちゃんとそれらしき逸話が載っていた。その本の近くにあった[4]『日本奇談逸話伝説大事典』にも掲載あり。この2冊のほうが『素顔の剣豪たち』よりももう少し詳しく書かれている。簡単に説明すると次のような話。卜伝が3人の息子たちに課した跡取りを決めるテストの話で、卜伝は居間の入口の上に木枕を置き、居間に入ってくる時の動作を見て誰に家督を継がせるかを決めることにした。嫡子は見越しの術で木枕を取り除いてから入室、二男は落ちてきた木枕から身をかわし、三男は落ちてきた木枕をかわして刀で斬った。この3人の動作を見て、嫡子に継がせることに決めたという話らしい。この逸話の出典は、『世界人物逸話大事典』によると、日夏繁高の『武芸小伝』となっている。

　人物が特定できると、意外とあっさり回答が見つかる質問だったみたい。お客様のいうことにとらわれて宮本武蔵に固執し過ぎたのがいけなかったのかも。もっと柔軟に発想の転換ができればよかったな。お客様を目の前に対応している時には思いつかないのに、後になってからあれを調べればよかった、これを調べればよかったといろいろ思いつくことがよくある。それってやっぱり、お客様対応中は平常心を失っているってことなんだろうか。

「川波係長、さっきのレファレンスわかりました」

「あれだろ、塚原卜伝」

「えっ、何でそれを」

「横道さんにその話をしたら、そんな逸話が確か塚原卜伝にあったと思うっていっていたよ」

恐るべし横道さん。さすがノンジャンル。

図書館にはいろんなお客様がいらっしゃる。今日いらしたようなあたりがきついお客様はまれだけど、そういうお客様の対応も立派にできてこそ、プロの図書館員になれるんだ、きっと。これにめげずに明日からまたがんばろう。

【主な使用資料】
1『宮本武蔵のすべて』岡田一男他編 新人物往来社 ２００２年
2『世界人物逸話大事典』朝倉治彦他編 角川書店 １９９６年
3『素顔の剣豪たち』小島英熙著 日本経済新聞社 １９９８年
4『日本奇談逸話伝説大事典』志村有弘・松本寧至編 勉誠社 １９９４年

「勘違いの修正法」

勘違いして思い込みのまま調べてしまうってわりと多いものです。そんな時、どう修正していくかは難しいのですが、間違えているとしたらどこだろう、他の方向からは調べられないかなど、いろいろな視点から改めて見直してみると気づくことがあります。今回、本宮さんは柔軟に発想の転換ができればよかったと感想を述べています。宮本武蔵に固執せず剣豪の本など少し広めに目を通してみるのがポイントでした。冒頭で分類番号の読み違いによる配架ミスに苦労している様子が紹介されていますが、勘違いを推理するという意味では共通するところもありそうです。

調査カード

質問要旨	宮本武蔵の逸話で、戸口の上に角材を挟んでおいたらその入口を避けて通らなかったという話を詳しく知りたい （口答・電話・ＦＡＸ・手紙・メール）

調査記録欄		所要［　　　分］
例 探索方針 ▼ 調査経緯 ▼	① 宮本武蔵関係の本にあたる 『宮本武蔵のすべて』岡田一男他編 新人物往来社 2002年 など数冊見たがそれらしき話は見つからず。 ② 逸話の事典を使って調べる 逸話を集めた事典があるのではないかと思ってOPACで「逸話」をキーワードに検索。それでヒットしてきた、 『世界人物逸話大事典』朝倉治彦他編 角川書店 1996年 で宮本武蔵のところを見たが見つからず。 ③ Googleで検索 キーワード「宮本武蔵 逸話」や「宮本武蔵 逸話 角材」で検索するも見つからず。 ※ お客様はお急ぎの様子でこの時点で怒って帰られてしまいましたが!! 引き続き調べてみました。	
回答要旨	④ 宮本武蔵以外の武将や剣豪関係を調べる 『素顔の剣豪たち』小島英熙著 日本経済新聞社 1998年 塚原卜伝のページに、それらしき話を見つける。 戸口に角材を仕掛けて、その対処方法で後継ぎを決める話。 ②の『世界人物逸話大事典』の卜伝のページにも同じ話が出ていた。 この事典によるとこの逸話の出典は日夏繁高の『武芸小伝』。	
感想・備考	お客様の言うことに囚われて、宮本武蔵に固執しすぎてしまいました。お客様が勘違いされている可能性も考え、柔軟に発想の転換ができればよかったと反省しています。	

戦後給食に脱脂粉乳が出された事情は何か

川波 太郎

うー、寒い寒い。本庁での会議が終わって、図書館まで歩いて帰るうちに、身体がすっかり冷え込んでしまった。ほかほかの肉まんでも食べたいなあと思いながら職場に戻ると、内線電話が鳴った。

「ちょうどよかった。レファレンスのヘルプをお願いします」

伊予さんの声だ。夕方になってカウンターが混み合ってきたらしい。

急いでカウンターに入ると、図書館を長年使っていただいているFさんが座ってお待ちになっていた。

「ああ、川波さん、すまんね。また調べてくれないかな。自分が小学生の頃、ちょうど終戦で日本中が食糧難になってね。給食の時にいつも脱脂粉乳が出たんだが、それがえらくまずかったのが60年経った今も忘れられん。いったい、あんなにまずいものがどうして給食に出されたのか、事情を知りたいんだが」

「当時の給食のミルクがまずかった話はよく聞きますね。娘が小さい頃、乳児用の粉ミルクをちょっと味見したことがありますが、そんなにまずくはなかったですけど、やっぱり違うんでしょうね」

「ああ、もう、ぜんぜん違うよ。生ぬるくて、粉っぽくて、臭くて、とても飲めたものじゃなかった。何か、当時、脱脂粉乳の配給はララ物資からだと聞いたことがあるが、あれもよくわからなかったな。ララ物資がいったい何だったのかも調べてほしいな」

「ララ物資と、脱脂粉乳が給食に使われた事情ですね。調べてみましょう」

「うん、頼むよ。来週末までに調べてくれればいい」

さて、自分の世代には「ララ物資」は馴染みのない言葉である。初代ガンダムのTVシリーズにはこれと似た名前のキャラが登場していたことは思い出すが、しかしそれは「ララ」ではなく、「ララァ」であったはず。今回の質問とは、おそらく、絶対といってよいほど関係ないであろう。

とはいえ、大まかな事情はわかっているので、学校給食や戦後史あたりの棚を探せば見つかりそうであるが、ジャンルやキーワードを絞り込むにはインターネットが圧倒的に便利だ。まずインターネットからあたってみよう。

ア●ロ…
これを飲んで
私を思い出して…
え！
えー…って
そんな展開
だっけ!?

〈Google〉で「ララ物資」「学校給食」「脱脂粉乳」などをキーワードに検索をかけていくと、けっこうな数が見つかった。〈教えて！ｇｏｏ〉を見ると、一九四六年十一月三十日、横浜港（新港埠頭）にアメリカから救援物資を満載した船（ハワード・スタンバーグ号）が到着したこと、積載されたミルクや衣類などをララ物資ということ、ララはLicense Agency for Relief in Asia（公認アジア救済連盟）というボランティア団体の頭文字であること、活動の中心となったのは盛岡出身の日系アメリカ人浅野七之助氏であること、ララ物資をもとに、学校給食では脱脂粉乳（スキムミルク）が出されるようになったこと、ララ物資の贈呈式が行われた日が学校給食記念日になった（後に時期をずらして学校給食週間に変更）ことがわかった。ちなみに、横浜港にはララ物資の記念碑があるそうだ。

おお、もうこれでいいじゃんと思いたいところであるが、そうはいかない。他のホームページもチェックしてみると外務省やＯＤＡ関係のページからララや海外からの支援についての概要を知ることができた。ララの正式名称と綴りが微妙に違っていたり（＝Licensed Agencies for Relief of Asia）、船の名前がハワード・スタンベリー号であったりする。ララの設立にはキリスト教関係の民間団体や浅野七之助氏のほかに北米や中南米等在住の多くの日系人がかかわっていたこと、日本が主権を回復する一九五二年までにララ全体で４００億円にも相当する物資の支援があり、約１４００万人の日本人が恩恵を浴したことなどがわかった。ララの日本語訳された組織名称は「アジア救援公認団体」とかいろいろあるが、英語表記はLicensed Agencies for Relief of Asiaのほうが正しいようだ。外務省外交史料館で閲覧できる「第14回外交記録公開史料」にはララ受け入れ物資に関する経緯の史料

（「ラ・ラ（アジア救済連盟）関係雑集」）もあるらしい。

Ｆさんが必要なら追跡調査してみることにして、さらに外務省以外のサイトや、キーワードのララをＬＡＲＡに変えたりしながら検索してみる。インターネット情報は頻繁に書き換えられ、後で再度検索しても、以前はヒットしたはずのページやリンク先が消失していたり、大幅に内容が変わってしまうことも多いので、回答の典拠にするにはとても不安定な媒体でもある。

財団法人保健福祉広報協会の「ＬＡＲＡ救援物資」というページもララ設立の経緯について当時の会議録などを追って調べており、とても詳しい。ララという組織が成立する際、特定の国名を含まない名称を採用するに至った経緯があったようだ。また、もともとこの時期にはアメリカにおいて日本や朝鮮の救済を必要とする気運が高まりつつあったので、日系人・邦人らによる日本難民救済活動が始まったのをみてアメリカの宗教団体や奉仕団体が重い腰を上げたことから始まったという説は誤りであるとしているようだ（ただし各地の日系人・邦人らがララを通じて支援活動をしたことは事実としている）。このページは「『ＬＡＲＡ～救援物資は太平洋を超えて』（多々良紀夫氏著　一九九九年三月発行）から抜粋したもの」とあるが、抜粋しか見ることができないので詳しいことはわからない。検索したが、県内の公共図書館には『ＬＡＲＡ～救援物資は太平洋を超えて』の所蔵はないようだ。

インターネットはこれくらいにして、これまでの調査で発見した資料の所蔵状況を検索する。戦後、厚生省がまとめた『ララ記念誌』[1]や、日系アメリカ人・浅野七之助の活躍を描いたらしい『日系人の夜明け』[2]、さらに『日系人とグローバリゼーション』[3]の所蔵状況を検索してみたが、残念ながらあかね市立図書館では所蔵していなかった。次に県内の状況を横断検索で調べたところ、所蔵している館が県内にあるようだ。さっそく、県内の公共図書館を巡回する協力車での取り寄せを依頼した。

ここまででだいたいの概要はわかったと思うが、協力車で資料が届くまで、自館の所蔵資料を探すことにしよう。

『世界大百科事典』[4]を索引から探すと「学校給食」の項に「戦後、日本の学校給食は、アメリカのララ（アジア救済連盟）の脱脂粉乳……」の記述があった。

さらに給食の方面からあたることにし、分類［３７４］（学校保健）あたりを調べるが、残念ながら給食史の資料は少ない。

それでも『なつかしの給食　献立表』[5]には当時の献立の再現写真や脱脂粉乳の研究等が載っていた。さらに、かの評判の悪い脱脂粉乳がなぜ採用されたかなどの裏話も載っていた。それによると、GHQ（連合国軍最高司令官総司令部）は日本の子どもたちへの食糧支援に際し、当初は空腹を満たす小麦粉を考えていたらしい。一応、当時の栄養学の権威・東北大学の近藤正二博士に小麦がよいか脱脂粉乳がよいか意見を求めたところ、近藤博士は、子どもたちの体格が栄養不足で貧弱化していること、小麦では体格は向上しないことを訴え、学校給食は脱脂粉乳になったとか……。うひょー、Fさん、そういう事情もあったようですよ。

ララのほか、一九四九年以降にはユニセフも学校給食への支援をかなりしてくれたようだ。先に調べたように一九五二年にララ物資の受け入れは終了するが、脱脂粉乳による給食はその後、地域によっては昭和四十年代まで続いた。あまりに不評なので、末期にはコーヒー味やオレンジ味の調味料を混ぜて味付けされた地域もあったらしい。しかしこれはララより後の時代の話、学校給食史の知られざるエピソードであろう。

ついでに脱脂粉乳とは何か。よくわからないので一応確認しておこう。『食品図鑑』[6]や『食料の百科事典』[7]を見ると、牛乳からクリームを取り去った脱脂乳（スキムミルク）を粉末状にしたもので、常温で1年以上保存できるらしい。それに比べ、赤ちゃんの粉ミルクにはしっかり脂肪分が含まれ、母乳に近い組成に加工した上で栄養強化したものだから、ぐんと美味しいはずである。

ララ物資による支援は在米日本人らの多大な労苦により実現し、多くの日本人の生命を救ったが、当時の脱脂粉乳は今のスキムミルク等とは全く異なる味であったらしい。さっき調べたインターネットのウィキペディア「脱脂粉乳」の項では「特に臭いが酷かったという意見が多いのが特徴で、これは無蓋貨物船でパナマ運河を経由した為に高温と多湿で痛んだからという説がある」とあったなあ。残念ながら出典が確認できないが、面白い説である。

さらに、戦後史からも調べてみよう。『戦後史大事典』[8]や『昭和史全記録』[9]で一九四七年前後の記事を探すといくつか見つかった。余談であるが、当時はララ物資の横領事件もあったらしいこともわかった。うーん、いろいろ出てくるなあ。自分が本庁に勤務していた当時、学校給食のセクションがすぐ隣にあって、学校給食は身近な課題だったのだが、こんな歴史があったとはついぞ知らなかった……われながら、ちょっと感慨深かったりするのだった。

ふー、今の段階でわかるのはこの辺までであろう。本来なら当番の伊予さんに引き継ぎたいところであるが、午後5時を過ぎたら机の上にメモを残してそそくさと夜行列車で奈良に逃亡してしまったようだ。無念であるが、後は協力車で届く資料を確認することにして調査はいったん休止としよう。

さて、翌週になって、県立の図書館経由で資料が搬送されてきた。

厚生省の『ララ記念誌』は詳しいが、原本の刊行は古く（一九五二年）、この時代にはララの発端はハッキリわかっていなかったようだ。「ララ物資」のウィキペディアには「日本国内での物資配付にあたっては連合国軍最高司令官総司令部の意向により日系人の関与について秘匿され、アメリカからの援助物資として配付された」とあったから、そういう事情も関係しているのか……いやいや、これは単なる推測になるのでやめておこう。

一方、『日系人の夜明け』では、浅野七之助ら在米日本人が日本の同朋のために奔走した経過が詳しく書いてある。戦後とはいえ、アメリカには反日排日の気運が残り、自分たちの身の安泰もままならぬアメリカ在留日本人らの尽力があったことがわかった。また、ララ物資の配分経路や内訳などのほか、日系人によるララ運動の始まりや発展的に解消していった経過も書かれている。また、巻末の参考資料・文献の中に当館所蔵の『中央公論』のバックナンバーがあったので、現物を見てみると上坂冬子氏の[10]「焼け跡の日本を救ったララ物資の生みの親」という記事があり、浅野七之助氏へのインタビューなどが掲載されていた。

そして『日系人とグローバリゼーション』ではララ救援物資について1つの章を割いて説明しており、刊行年が新しく、内容もよくまとまっている。

これくらいでだいたいのところはよさそうだ。あとはFさんに確認して、ララ組織や日系人の活動等もっと詳しく知りたいようなら、また調べることにしよう。

さて、しばらくしてFさんが来館されたので、ここまでの経過を報告した。

「なるほどなあ、ララってそういうものだったの。いや、私は学者さんじゃないしね、これで十分だよ。おっ『なつかしの給食 献立表』か。そうそう確かにこういう感じの献立だったよ。懐かしいなあ」

「一番後ろのほうには脱脂粉乳の味の再現方法も載っていますよ」

「ああ、これか……うん、確かに、現在の市販のスキムミルクではどうしても美味しくなってしまうから、当時の味を完全に再現することは難しいんだろうね。そうだろうなあ、なにしろ恐ろしくまずかったからな。しかし、その裏には日系人・邦人らの人知れぬ貢献もあったんだなあ。生きるか死ぬかの時代だったんだ、今になってまずかっただの何だのといっては罰があたるな。いや、本当にありがとう。すごく勉強になったよ」

お帰りになるFさんを見送りながら、こちらこそ勉強になりましたよ、ひとりつぶやく私であった。

それから数週間が経った。横道さんがそばにやってきて、囁《ささや》くように「係長、この前、ララの記念碑が横浜にあるっていっていましたよね。……私、現物が見たくなって、横浜までいって見てきましたよ、昨日」

「へー、仕事熱心だね。どうだった」
「記念碑は写真のとおりなんですが、そのすぐ隣に海上保安庁の「海上保安資料館横浜館」というものがありまして。いや、いってみるまでそんな施設があることを知らなかったのですが、入館して驚きました。数年前に九州近海で起きた不審な工作船事件で自爆沈没した弾丸跡も生々しい工作船や、海底から回収した銃器類の現物を展示しているんですよ。いやー、横浜港って、どんどん開発されて観光地化が進んでいますが、実に様々な歴史があるというか……奥が深いですね」
うーむ……。横道さんは本当に研究熱心だし、同感なのであるが……しかし、ララ物資の探索からたどって、沈没した工作船までみつけてしまうとは……。マニアぶりにさらに磨きがかかったというか……調査マニア気質、おそるべしである。

【主な使用資料】

1『ララ記念誌』全国社会福祉協議会 1996年（厚生省 1952年刊の複製）
2『日系人の夜明け—在米一世ジャーナリスト浅野七之助の証言—』長江好道著 岩手日報社 1987年
3『日系人とグローバリゼーション 北米、南米、日本』レイン・リョウ・ヒラバヤシほか編 人文書院 2006年
4『世界大百科事典 5：改訂新版』平凡社 2007年
5『なつかしの給食 献立表 昭和20—60年代全国の献立表29』アスペクト編集部編 アスペクト 1998年
6『食品図鑑』平宏和ほか編 女子栄養大学出版部 2006年

7『食料の百科事典』五十嵐脩ほか編 丸善 2001年
8『戦後史大事典：増補新版』佐々木毅ほか編 三省堂 2005年
9『昭和史全記録』毎日新聞社 1989年
10「焼け跡の日本を救ったララ物資の生みの親」上坂冬子著（『中央公論』101巻14号 1986年12月）

「なぜ記載されていないか」

いろいろなジャンルの本、他館から取り寄せた本、各種のインターネット情報と盛りだくさんに調べました。1冊の本で取りあげられていなくても、別の本で説明されていることはあるし、近年に刊行された本だからといってすべてが書かれているわけではなく、昔の本にしか出ていない事柄もあります。今回はインターネットの書き込みも参考になりましたが、それは今、何らかの興味を持った人がいたから書き込まれた内容です。世間の関心が薄いために書き込まれない情報もあるかもしれません。また、ララのように複雑な背景によって記載が控えられることもあるでしょう。書かれていない情報にどう目を配るか。川波さんのように、複合的に情報を集めていくというのは1つの手段だと思います。

電話番号の市外局番が導入された経緯は

木崎　ふゆみ

「すみません。電話の市外局番について調べているんですが」

カウンターで大学生とおぼしき女性から声をかけられる。

市外局番というと、あかね市だと０４×、横浜市なら０４５、川崎市なら０４４番という、アレですね。

「はい。この本を見ると、市外局番が使われ始めたのは、一九二六年からのようなのですが、どうしてこういう仕組みになったのか書いてある資料はありますか？」

お客様がカウンターまで持ってきたのは、『電話一〇〇年小史』[1]という本。一八九〇年（明治二十三年）の電話創業から一九九〇年（平成二年）まで、電話事業のあれこれが書かれている。中を確認すると、1ページ1年で上部に年表、下部に特集記事が組まれている。

お客様のおっしゃるとおり、一九二六年（大正十五年／昭和元年）の年表部分に、「青森～函館間電話開通、本州と北海道の市外通話開始（4／24）」とある。そして、特集部分は、「５，０００万分の1を瞬時に選ぶ──全国電話番号計画」となっており、全国の市外局番の数字の割り振りが図解入りで解説されていた。

短時間で膨大な数の電話の中から間違いなく目指す相手を選んでつなぐことができるのは、「全国電話番号案内」が基礎にあるからだという。電話番号は、「市外識別番号」＋「市外局番」＋「市内局番」＋「加入者番号」という構成になっており、市外局番は、全国を小さなエリアに分けたそのエリアごとの数字を指す。そして、市外電話の場合、第1数字が市外識別番号「0」、第2数字が1〜9の各地方に割りあてられた番号、第3数字が県別番号、そのあとさらにブロック別、市別にと細部化され、市内局番、加入者番号と続いていく、と説明されている。図解もされていて、市外局番は、北から1、2、3……と割り振られていることがわかる。

確かに現在の電話番号と同じ構成だ。そんなに昔から使われていた仕組みだったのか。

インターネットで何か情報が手に入るかも、とレファレンスカウンターを見ると、石尾さんがインターネット端末を使ってレファレンスの真っ最中。

インターネットでの調査は後回しにすることにして、お客様と一緒に、［690］(通信事業）の棚に向かう。しかし、携帯電話や移動通信関係の資料ばかりで、日本の電話史はおろか固定電話について書かれている資料も見あたらない。これも時代の流れというものか。

次に参考図書コーナーへ。『通信の百科事典』[2]を見る。市外局番の番号割り振りについての記述はあるものの、導入経過に関する情報は見つけられず。続いてチェックした『郵政百科事典』[3]の「電話の番号計画」という項目で、「現在の全国電話番号計画の基礎となる番号計画は、昭和三十六年に定められた」という記述を発見する。

昭和三十六年？　昭和元年ではなく？

困った時の百科事典。『日本大百科全書』[4]を見ると、「電話」の項に、年表があった。一九二六年には「初の自動交換方式を導入」、一九六一年には「全国市外番号「0」へ切り替え開始」とある。うーん、やっぱり昭和三十六年なのかな……しかし、予断は禁物だ。

年表中で市外通話という単語を含む情報としては、「長距離市外通話開始（東京～大阪間）」（一八九九年）、「市外通話自動即時化（荏原～東京間）」（一九三五年）、「ダイヤル市外通話開始」（一九五六年）があった。また、本文中の説明に「手動交換方式から自動交換方式へ移行するのに伴い、ダイヤル式の電話機が登場した」とあるので、自動化とダイヤル通話が、何やら本件にかかわっていそうな印象ではあるが、詳細は不明だ。参考文献にあがっていた『電信電話事業史』（日本電信電話公社編　電気通信協会　一九五九年）は、残念ながら当館では所蔵なし。

さて、他に手がかりが得られそうな資料はないだろうか。……そうだ！「ものの始まり」の線でも調べられるかもしれないぞ。

『年表で見るモノの歴史事典 下』[5]の「電話」の項を確認する。

一九二六年は、百科事典と同じく自動交換方式を採用したという記事のみ。

昭和三十年代に関しては、一九六〇年に、「全国電話局番計画決定」がなされた後、中距離（東京～水戸等）（一九六一年）、長距離（東京～大阪等）（一九六四年）のダイヤル市外通話サービス開始を経て「東京〜全道府県庁所在地間ダイヤル通話完成」（一九六五年）と拡張していく流れがつかめた。

いずれの資料でも昭和初期前後には電話番号計画に関する記述はなく、昭和三十年代にはある。これはどういうことなのか。思わずお客様と顔を見合わせる。

『電話一〇〇年小史』を再度手にとり一九六一年のページを見てみると、年表部分に「全国市外番号の変更はじまる（11／5）」とあるではないか。ちなみに特集部分にあったのは、NTTの支店・営業所が「インフォメッセ」（情報市場）として生まれ変わりつつある、という記事。

……しばし待たれよ。

一九六一年にNTTは存在していないはず。だって、電電公社がNTTに変わったのは、私が物心ついてだいぶ経ってからのことだもの。同書の年表で確認すると、NTT発足は一九八五年となっていた。……つまり、特集記事は必ずしも年表と同じ年の出来事を扱っているわけではなかったのだ。

改めて見てみると、一九六〇年なんて、年表部分は「東京の市内局番、一斉に3ケタ化（1／1）」、特集部分は「東京（03）の市内局番、4ケタに——平成三年一月一日から一斉スタート」だ。まぎらわしいったらありゃしない。

とりあえず、お客様には、これまでに見つけた資料を見ていただき、その間に書庫の資料にあたることにする。

『関東電信電話百年史 上』[6]は、日本の電話事業の変遷を時系列で詳述した資料。大正末期から昭和初期にかけての状況を確認する。関東大震災後であるこの時期は、電話交換方式が手動から徐々に自動化へと移行していく時期であった。震災前、交換手を通していたころは、通話を申し込んでからつながるまで相当時間待たされることもめずらしくなく、電話ならぬ「出ン話」と揶揄《やゆ》されて大不評だったという。自動化はこうした問題を解消すべくすすめられ、そして、一九二六年には、自動交換開始にそなえて、加入者の番号変更が行われたという。

ついに番号変更情報が！　と色めき立つが、この時期の変更は、東京・横浜エリアに限定されており、とても全国規模とはいえない。それに、ようやく覚えた、あるいは語呂がよくて気に入っていた自宅の番号を無理やり変えられることに利用者が非常に不満を持った、という記述からは、市外局番ではなく、加入者番号を変更したと読み取れる。

第二次世界大戦後は、岩戸景気などにも影響され電話の加入者数は増加し、首都圏ではダイヤル直通通話が整備されていく。こうした動きから、市外通話の自動即時化の実現、市内・市外通話料の格差是正、市外通話の課金距離合理化を目指して昭和三十一年から検討を重ねた「公衆電気通信法の一部を改正する法律案」が、昭和三十六年六月八日（第38回国会最終日）に可決され、新電話料金制と市外局番再編成が実施されることになった。

新電話料金制は、距離別時間差法といい、市内通話と同じ1分間7円を基準にして、何秒話せるかを距離に応じて変えるというもの。そして、「局―局」から「面―面」に変わった市外通話の料金制度の実現化とセットで登場してきたのが、市外局番の全国的統一の問題であり、従来使われていた市外局番の変更であった。結果、全国を9つのブロックに分け、「市外局番」―「市内局番」―「加入者番号」へと続く電話番号計画が実施される運びとなった。

そして、昭和三十六年十一月五日、全国に先駆け、南関東地区において市外局番ゼロ一本化への切替工事が行われ、昭和三十七年度内には関東地方のゼロ一本化が完了した、ということである。

また、『関東電信電話百年史 中』には、県ごとの電話史が載っており、神奈川県では一九一五～二三年頃、電話が広まっていったことや、一九六一年十一月五日に、横浜の市外局番を「05」から「045」に変更したことが載っていた。

これらの資料により、市外局番ゼロ一本化は一九六一年に開始されたということが確認できた。この年代なら新聞記事を見ていただくのもいい。朝日新聞の記事データベース〈聞蔵Ⅱビジュアル〉で「市外局番」をキーワードに、一九六一年の記事を調べてみると、五月二十一日「市外局番を全国統一　十月まず関東を「04」に」、九月二十八日「ダイヤル市外局番に「四」十一月五日から」がヒットした。検索結果から紙面イメージをそのまま表示することができるので、五月二十一日の記事を見てみる。

全国ダイヤル即時通話化に備えて、市外局番の全国統一をはかること、十月の南関東を始めとして

翌年秋までに全国に新局番を普及させること、市外局番の割り振りなどについて書かれていた。さらに、市外局番統一化の理由についても触れられている。従来の市外局番は、東京から横浜へが「05」、横浜から東京が「03」など大都市ごとに別々に決められていたため、東京で「05」を回すと横浜につながるが、大阪で「05」を回すと東京に、横浜や小田原から「03」を回すと東京につながるが、熱海で「03」を回すと静岡県清水につながる、とばらばらであった。このままでは将来、主要都市間ダイヤル即時化が完成した時、混乱を招くため、市外局番を統一し、これにより遠距離ダイヤル即時通話が可能となる、とあった。非常に簡潔でわかりやすい。

最初に見た資料の記述がトリッキーだったので翻弄されてしまった。やはり複数資料で裏を取ることは必要だ。回答としては、書庫の資料と新聞記事で十分ということだったので、インターネットでの調査は行わずに終了となった。

調査は終了したが、せっかくなのでカウンター当番の後、〈国会会議録検索システム〉[7]にアクセスしてみた。このシステムでは、第1回国会から現在までの国会会議録（議事部分）のテキストが検索でき、さらに検索結果としてヒットした会議録を紙面イメージで閲覧することもできる。会議の日時と、検索語欄に「公衆電気通信法」を入力したところ、当該案件を扱った逓信委員会と参議院本会議の議事録がヒットした。質疑なども読めるが、情報としては、図書館で提供した資料のほうが役に立ちそうだ。

仕上げにレファレンス記録を作成し、川波係長に提出する。

「私の子ども時代は、自宅に電話のある家なんてほとんどなくてね、学校の連絡網のときは、近所で電話を持っている家の人に使わせてもらったもんです。電話で話すと大人になった気分で嬉しかったなぁ」と、すっかり昔語りモードに入り込んでしまった係長に、本宮さんが「そうなんですか。大変（?）だったんですね」と律儀に相づちを打ってくれていた。
年寄りの昔話は長いぞ〜。お付き合いよろしく、本宮さん。

【主な使用資料】

1『電話一〇〇年小史』日本電信電話株式会社広報部 1990年
2『通信の百科事典』郵政省通信総合研究所編 丸善 1998年
3『郵政百科事典』ぎょうせい 1990年
4『日本大百科全書 16巻：2版』小学館 1994年
5『年表で見るモノの歴史事典 下』ゆまに書房 1995年
6『関東電信電話百年史』（上・中）電気通信協会 1968年
7〈国会会議録検索システム〉国立国会図書館 http://kokkai.ndl.go.jp/

「その本の特徴を知る」

わかりにくい本ってありますよね。索引があったほうが便利なのになかったり、レイアウト的に見づらかったり、別の項目のほうが詳しく説明してあったり、図表だけ離れたページに掲載されていたり……。注意深く本を見ていけばよいのですが、これがなかなか難しいのです。手に取った1冊がどんな本なのか、特徴を押さえた上で調べていければ、勘違いが減るだけでなく調べる効率もアップすると思います。この調査では『電話一〇〇年小史』の反省があったからか、『関東電信電話百年史』の上巻と中巻から、的確に情報を引き出せました。

幾何教育に関する福井謙一氏の著述はないか

伊予 高史

ZZZ……ｚｚｚ……

……拝啓、福井謙一先生

この1週間、たいへんお世話になりました。

ことのきっかけは先週末、「ノーベル化学賞を受賞した福井謙一氏が幾何教育を重視していたそうだが、福井謙一氏自身が幾何教育について書いている著述はないか」と質問を受けたことにあります。そのお客様は1週間以内に知りたいということでした。

インターネットで「福井謙一　幾何」などと検索したところ、確かに福井先生がそうした発言をしたという内容のサイトがいくつか出てきます。実は去年の六月頃、正誤表が付いていた本を探していた時に、福井先生の著書で教育についても論じていたことをぼんやりと覚えていたので、あまり難しい調査には思えませんでした。

まずは深く考えずに、化学の研究以外の福井先生の著書に目を通していくことから調査を始めました。『教育への直言』[1]や『学問の創造』[2]など、いかにも幾何教育を取りあげていそうな感じは漂っているのですが、うーん、出ていませんね。

著書を何冊もめくっているうちに、福井先生が中学生の頃にファーブル昆虫記や夏目漱石の作品から強い影響を受けたとか、旧制高校時代には剣道に打ち込んだとか、数学の道を進もうとしたけど化学を選んだ経緯とか、ノーベル化学賞の受賞報道や授賞式の様子とか、いつもメモ帳を持ち歩いていたとか、京都の北白川から比叡山のふもとまで毎朝6キロの散歩をしていたとか……、福井先生についていろいろと知ることができました。ノーベル化学賞を受賞されたフロンティア軌道理論がどんなものかは、よく理解できませんでしたけど。

こうした調べものを通して、福井先生が論理的思考や直感力を育《はぐく》む手段として、確かに幾何教育を重視しそうだなと、私なりに納得できました。ただし私が必要としているのは納得ではなく、具体的な「幾何」という記述なのです。

手がかりを求めて、インターネットの情報を見直してみました。福井先生の発言として「科学者を目指す若者に中等教育で最も励んで欲しいのは数学、特に平面幾何学である」とか、（幾何を学ぶことによって）「スパークによって成長する電極のような脳力アップ」などの言葉は出てきます。できればどこから引用したのか出典を書いておいてほしいですね。

それでもいくらかの説明はあるわけで、福井先生が教育課程審議会の会長に就《つ》いていた時の発言だという記述が目にとまりました。会長就任の一九八五年から答申が行われた一九八七年頃までの教育課程審議会（教課審）の状況がわかる資料はないかと蔵書検索したところ、『こう変わる教育課程　教課審「中間まとめ」と解説』[3]を所蔵していて、収録されている「教育課程の基準の改善に関する基本方向について（中間まとめ）」の中、「特に論理的な思考力や直感力を重視し、その観点から、例えば平面幾何の取り扱いについて検討する」と記載されていました。このあたりに福井先生の意向が反映されているのだろうなとは推察できますが、もちろんそうはっきりとは書いてありません。

調査は前後しますが『新しい中学校数学授業プラン1　新学習指導要領の方向』[4]の「学習指導要領の作成過程をめぐって」という座談会にて、当時、教育課程審議会委員の平岡忠氏が「数学をやっている人は補助線1本でパッと解けた喜びを感じるということをよくいわれますが、それに近いことを子どもたちにできるだけ味わわせたい。教育課程審議会会長の福井謙一先生などは、そういうことを非常に強調されたわけです。それをどこまで入れるかということで、最終的にはこのへんに落ち着いたといえます」と述べているので、だいたいの事情はわかりました。

教育課程審議会の会議録なども探しましたが刊行物はないようなので、その頃の教育事情を知ろうと新聞を調べていくことにしました。一九八七年の教育課程審議会の答申では、選択科目の拡大、生活科の創設、道徳教育の在り方などが、主に世間の関心となっていたようです。数学教育の改定についても簡単な説明がありましたが、そこに福井先生がどう関与したかという記事は見つけられませんでした。

さらに新聞データベースの収録範囲を広げて検索してみたところ「古武士逝く」という記事がヒッ

トしました。福井先生の訃報と関連して書かれた「朝日新聞」一九九八年一月十日（夕刊）の論説です。「文部省の教育課程審議会会長を務めていたころ、「論理的な思考能力を養うには、平面幾何の問題を考えるのが一番いい。学校で、もっと図形の論証問題をやったらどうか」と発言して、話題になった」、続けて「現場の関係者からは、反論も多く出た」とあります。教育課程審議会の席上で、福井先生が幾何教育を重視する主張をされたのは間違いないようですが、なかなか難しい状況でもあったようです。

ちなみに近年の新聞では「読売新聞」二〇〇八年四月十日（朝刊）の「子どもたちの教育」という対談で、数学者の藤原正彦氏が「福井謙一先生がフロンティア理論を発見された時、「中学で習った幾何が一番役立った」といわれた」と述べています。対談の相手は福井先生と姻戚関係にある哲学者の梅原猛氏。梅原猛氏と福井先生との対話をまとめた『哲学の創造』[5]という本も見たのですが、とくに幾何教育についての発言はありませんでした。第2章「直感と創造性を育てるために」なんてもう一歩って感じだったのですが。

あ、もっとマイナーな対談集などや共著なども、他の図書

館から取り寄せたりして目を通しているんですよ。「科学のこころと教育のこころ」(『[6]日本の心と教育の将来 高石邦男対談集』)とか、「科学時代の子供たちに訴えたいのは自然と調和することの大切さ」(『[7]心の時代』)とか、「科学とつきあってみよう」(『[8]生きるとき大切なこと 司馬遼太郎さんの想いを継ぐ21のメッセージ』)とか、まあ、たくさん。

直接、福井先生の著述でなくても何かヒントくらい見つかるかもしれないと思い、算数・数学教育の本や、科学者の名言集、ノーベル賞関係の本、友栄夫人の著書『[9]ひたすら』や福井先生と親交のあった方が記した本まで見たのですけどね。

一例として『[10]大人のための算数練習帳』の「幾何学の復権」というコラムでは「ノーベル化学賞を受賞した福井謙一博士は、「私の学問の論理性は、中学生のとき学んだ幾何学によって培《つちか》われた」と述べられ、文部省のお役人の目でも諄々《じゅんじゅん》と幾何学の重要性を説かれました」とか、伝聞的なものならいくつか拾えたのですが。

雑誌文献にもできる範囲で手をつけました。あかね市立図書館では未所蔵の雑誌が多かったので後回しにしていたのですが、これまでの調査でだいたいの背景が浮かんできたので、雑誌を調べるにしても記載の可能性の高そうな文献に絞っていけます。文献のデータベースなどを用い、所蔵している図書館に頼んで確認をとってもらったりしました。

「教育課程の基準の改善の目指すもの」(『文部時報』1333号 一九八八年二月号)、「ゆとりこそ創造力の源泉」(『通産ジャーナル』一九九一年九月号)、その他、科学(化学)系の専門雑誌の文献も、科学教育や研究者育成などの視点で触れられていそうなものに目星をつけていったのですが、いずれの文献でも直接、幾何教育については言及されていませんでした。

一般の雑誌にて発言をされているかもしれないと思い、『大宅壮一文庫雑誌記事索引総目録』（紀伊国屋書店）や『人物文献目録』（日外アソシエーツ）からも記事を探しました。「福井謙一VS広中平祐「何でもよいから熱中させろ」」（『現代』一九八五年一月号）、「教育に科学に日本人の「創造性」を培う条件」（『現代』一九八八年七月号）、「良き先生たちにめぐまれた「ノーベル賞」若人の直感力とエネルギーが激しい競争に勝つ」（『週刊朝日』一九八六年三月二十一日号）などです。

「頭の中のアンテナを磨く秘訣」（『WILL』一九八四年三月号）という福井先生へのインタビュー記事は惜しかったんですよ。「とくに自然科学では、数学が論理的思考力の訓練には一番いいんじゃないですかと思いますね」と福井先生の発言が。その時のインタビュアーさん、そこで「例えば数学のどんな分野ですか？」って質問してもらいたかったです。

時間が足りなかったので十分な調査はできませんでしたが、教育関係の雑誌文献などにもあたってみました。『数学セミナー』（一九八八年一月号／特集「どうする、幾何教育」）には、「どうする、幾何教育」という討論（座談会）が収録されていました。参加していた教育課程審議会委員でもあった藤田宏氏の発言を部分的に引用すると、

「福井先生は会長として特別な主張はなさらなかったけど、ただ一つだけ強くいわれたのが「平面幾何をしっかりやる」というものだった」

「先生は、自分が中学校のときに学んだ幾何を念頭に、幾何が大事であると主張され、またこれは数学自身のためではないともいっておられます。「化学のようなサイエンスをやるにも、高等学校のときは、理科より数学をやっておくべし、中でも幾何が大切である」というご主張だった。あとから真意を伺いにいきましたら、そこは化学の先生らしく、「幾何の中でも、補助線を一心不乱に探すような努力がいい。補助線が見つかるというのは、電極に火花が飛ぶようなもので、そういうのを繰り返していくと、電極が成長して、その大きくなった電極が思考を強化する」ということでした。ですから、学問の原形として幾何の復活を主張される方が、数学者には多いけれども、福井先生はそれではないようなんです」

とあり、討論の参加者からは幾何教育に関する様々な意見が出されています。どうも、このような関係者の説明などから、当時の状況を知るのが精一杯かもしれないという気もしています。

余談ながら、晩年の福井先生と親しくお付き合いをしていたという京都大学名誉教授の岡村誠三氏の著書（[11]『科学者の良心』）によると、寄付や発言を求められた時、「福井さんは、もう見ているのが気の毒になるほど真剣に悩まれる。本当に汗びっしょりになる。あれはまさに、ノーベル賞受賞者の言葉の重みを知り、真摯に受け止めているがゆえのものなのであろう」とあります。先述の朝日新聞記事「古武士逝く」にも、記者が福井先生を訪ねた時、「話が幾何教育に及ぶと、反響の大きさに戸惑ったことを隠さなかった」と出ていました。教育課程審議会会長としての立場もあっただろうし、教育界では意見が分かれた幾何教育について、記録が残る形での執筆や発言は、あえて控えていらしたのかもしれませんね。

右に書いたのは私が調べたものの一部です。学会誌や講演録、大学の学内報など確認できなかったものもあるにせよ、私がチェックしたものを並べたら、かなり詳細な「福井謙一文献リスト」(化学的業績を除く)ができあがることでしょう。

私の調べものは図書館での仕事だし、熟読しているわけではなく、ざっとページを斜め読みして、ひたすら幾何とか図形とかいったキーワードを追っていただけですが、それだけの過程でも、なんとなく福井先生の考え方はわかってくるものです。共感できる点も多かったです。

では、このあたりで。

福井先生自身が幾何教育について書かれている文献は見つけられませんでしたが、「こんな記載ならありました」と調べた経緯を説明しながらお客様に提供したら、それなりに満足していただけました。私も他の仕事がたまってきているので、この調べものには、とりあえずピリオド打ちたいと思います。当時の関係者に、直接、問い合わせてみる手もあるんだけど、お客様はそこまではいいのだそうです。

敬具……

……ｚｚｚ……ＺＺＺ
「あ、もうラストオーダーか。伊予さん、黒糖焼酎の龍宮のグラスを片手に、ぶつぶついいながら居眠りしているけど、大丈夫かな。起こしてあげましょうか、木崎さん」

「もうしばらく、そのままにしといてあげようよ。伊予さんは今週、書庫にこもったり、本を積み重ねてかたっぱしからめくっていたり、よその図書館に電話をしたり、大変そうだったから疲れているみたい。何かややこしい調べものでも抱えていたんだろうけど」

「ふうん、伊予さんが手こずったレファレンスって、どんな内容だったのかな。今度の館内整理日にでも報告をしてもらいましょう」

「伊予さん、レファレンスの記録とかはずさんな時もあるからね。この間、私は電話の市外局番について調べたけど、伊予さんも一昨年の夏に同じようなレファレンスを受けたとか、私は聞いていなかったし……。それより本宮さん、ラストオーダーは何にしようか」


【主な使用資料】

1『教育への直言』福井謙一著 パンリサーチインスティテュート 1985年
2『学問の創造』福井謙一著 佼成出版社 1984年
3『こう変わる教育課程 教課審「中間まとめ」と解説』日本教育新聞社 1987年
4『新しい中学校数学授業プラン1 新学習指導要領の方向』平岡忠編 大日本図書 1989年
5『哲学の創造 21世紀の新しい人間観を求めて』梅原猛・福井謙一著 PHP研究所 1996年
6『日本の心と教育の将来 高石邦男対談集』教育開発研究所 1988年
7『心の時代〈対談〉日本の文化を見直そう』丸田芳郎著 日本経済新聞社 1988年

8『生きるとき大切なこと 司馬遼太郎さんの想いを継ぐ21のメッセージ』 産經新聞社編 東洋経済新報社 2000年
9『ひたすら』 福井友栄著 講談社 2007年
10『大人のための算数練習帳 論理思考を育てる文章題の傑作選』 佐藤恒雄著 講談社ブルーバックス 2004年
11『科学者の良心 科学には限界がある』 岡村誠三著 PHP研究所 1998年

「情報を推理する」

とにかく量といった感じですね。伊予さんは、どうして福井氏の著述に出ていないのかと試行錯誤しながら、片っ端から資料に目を通していきました。なぜ見つからないのかと疑問を持った時、その原因を自分なりに分析してみると、情報の理解ができて調査が進むことがあります。調べながら福井謙一氏の考え方がわかってきたと伊予さんは振り返っています。図書館員は情報を見つけるお手伝いをしますが、実際に自分で調べていかないと気づかないことも多いと思います。やっぱりその事柄に関心を抱いた質問者さん自身が主役。図書館員のアドバイスや調査のツボを参考にして、図書館をもっと活用してみませんか。もしかしたらノーベル賞につながるひらめきがあるかもしれませんよ。

桜の開花予想の方法は

本宮　美里

来年度1発目、四月の展示は私が担当することになった。あかね市立図書館ではほぼ毎月展示替えをしていて、職員が持ち回りで担当する。こんな資料がうちにあったのか！　なんていう新たな発見もあったりして、図書館の資料を知るとてもいい機会だ。とはいってもそんなに大がかりなものじゃなくて、カウンター前の展示コーナーでテーマに即した本を書架から集めてきて展示するだけなのだけど。自由に手にとって見ることができて、もちろん貸出も可能だ。テーマは担当者が自由に決めてよいので、季節的なものや時事的なもの、時には市のイベントに合わせたテーマを企画することもある。そして私はというと、月並みながら季節的なものから選んでみた。四月ということで桜に決定。ちょっと時期がずれてしまうけど、まあいっか。

展示に慣れていない私のサポート役を買って出てくれたのは、富士さん。展示に使う本やキャプション、装飾はどうするかを富士さんと相談していると川波係長がやってきて、「今度の展示は桜がテーマだったね。そういえば、この間、今年の第1回桜の開花予想が発表されていたな。今年も平年より早く開花するようだよ。花見の日程も決めないとなぁ」

「それは気が早いですよ、川波係長。そういえば、桜の開花予想は毎年気象庁が発表していますけど、桜の開花を予想し始めたのはいつ頃なんでしょうかね。そしてどういう方法で予想をしているのでしょう。富士さんはご存じですか？」

「そうねえ、私が子どもの頃にはすでにあったから、少なくとも30年以上は歴史があるわね」

「最近は気象庁だけじゃなくて日本気象協会とか民間のウェザーニューズというところでも桜の開花予想を発表しているよ」

「へえ〜 そうなんですか。係長、お詳しいんですね。予想方法についても何か知っているのではないですか？」

「図書館員だったら、自分で調べるべし。レファレンスの勉強にもなるしね」

「ですよね……」

そんなわけで、展示の準備とともに桜の開花予想についても調べることになった。展示用の本を集めていくうちにきっと開花予想のこともわかるでしょう。

とりあえず、どのくらい桜に関する本があるのか、ＯＰＡＣを使って単純に書名に「サクラ」と入力して蔵書検索してみた。検索漏れが少ないようにと思ったけど、数百件ヒットしてきた。いつもはこんなにたくさんヒットしてきたら、キーワードを追加したり、発行年を限定したりしてヒット件数を絞り込むけど、たまには全部見てみるのもおもしろいかも。新たな発見があるかもしれないしね。

検索結果の画面をスクロールしながらざーっと見ていく。さくらんぼの本やら、桜子・桜井といった主人公の名前が書名に入っている本やら、今回探しているのとはぜーんぜん関係ない本がたくさん検索されてきている。でも、こんな風にＯＰＡＣを使って適当なキーワードで検索をかけて本を探すというのも、書架をブラウジングして探すのとはまた違った発見があって、なにげに楽しいのでは？今度いろんなキーワードでやってみようっと。

だいたいどのくらい桜に関する本があるのかがわかったところで、その中から開花予想について書かれていそうな本を探していく。『桜の雑学事典』[1]という本はどうかな。桜の事典とうたっているし開花予想についても何か書いてありそう。書架から持ってきて中を見てみると、日本で開花予想が本格的に行われるようになったのは一九五五年からで、新聞に発表されるようになったのは一九六〇年からということがわかった。桜の開花予想には50年以上の歴史があるのね。しかし、予想方法については書かれていなかった。

『桜の雑学事典』を書架から取ってくるついでにその周辺で見つけた桜に関する本を何冊か持ってきた。その中の『桜ブック　本当に桜のすべてが分かる』[2]を見てみるも記載なし。タイトルに多少裏切られた感が……。

もう1冊は『桜信仰と日本人』[3]。この本の「桜前線を追いかける」という項に、桜の開花予想は、「昭和二十六年頃から気象庁で定期的に発表が行われるようになったといわれる」と書いてあった。それから、開花予想の方法については、「過去30年間の開花日と気温のデータから予想式を作り、これに前年秋からの気温経過と今後の気温予想をあてはめて求めている」と説明されていた。

ＯＰＡＣでさっき検索した中に、『どうしてわかるの？　サクラが咲く日 調べるっておもしろい！』[4]という本を見つけた。これはまさに質問に答えてくれそうな本ではないですか！　同じ疑問を持った人が他にもいたみたい。児童書だし、きっとわかりやすく書かれているに違いない。

この本では著者が図書館やインターネットで調べたり、気象台の職員に直接聞いたりして、疑問の解決を試みている。それによると、現在は「温度変換日数による予想」という方法で開花予想を行っているらしい。数ページにもわたっていろいろ開花予想の方法が説明されている。ちなみに以前は、標本木のつぼみの重さを計って予想していたそうで、つぼみ10個の重さを計り、それが０・７グラムなら約２週間後、１グラムなら10日後、２グラムなら数日以内という予想が行われていたとのこと。標本木というのは、つぼみの観測をするための木のことで、各地の気象台がそれぞれ決めているらしい。東京では靖国神社のソメイヨシノ、大阪では大阪城西の丸公園のソメイヨシノ。こっちの方法のほうがわかりやすいけど、現在の予想方法のほうがあたる確率は高いようだ。この本にも「サクラ前線を昭和三十年から発表するようになった」とある。

気象庁が発表しているのだから、気象関係の本にも何か書いてあるかも。そう思って、気象［45］の書架にいって探すことにした。

適当に何冊かパラパラとページをめくっていると、『気象・天気図の読み方・楽しみ方』[5]の「サクラ前線」という項で、桜の開花発表や桜の開花のメカニズムについて、図やグラフを使って説明されていた。観測の対象とする桜（標本木）は主にソメイヨシノだけど、ソメイヨシノが少ない沖縄ではヒカンザクラ、北海道の一部ではエゾヤマザクラなどを観測しているという。あかね市のあたりだと桜というとソメイヨシノを思い浮かべてしまうけど、地域によってはそうではないんだな。桜が咲く頃に沖縄や北海道にいってみたい気がする。

[6]『気象観測マニア！』を手に取る。マニア！か。横道さんが好きそうな本だな。すでに読んでそう。「自然界の暦」のところに、桜前線について書かれている。予想方法のことは書かれていなかったけど、開花予想が行われるのは花見の予約のためではなく気象予測の面から重要なのだと、そこはさすがマニア、厳しいことが書いてあった。

児童コーナーの気象の書架も見ておこう。[7]『みんなが知りたい！「天気」のことがわかる本』では「桜前線ってなあに？」という項に、「お花見に必要な予想だよ」と大きく書かれているのを見て思わず笑ってしまった。『気象観測マニア！』とは対照的。そのお隣のページには「どうやって開花日を予想するの？」なんていう都合のよい質問がされている。それによると「気象庁では、１９７０年以降の観測記録や、秋から冬の気温、開花時までの予想気温などのデータをもとに開花日を予想します」と説明されていた。

最初、桜関係の本ばかりを見ていたけど、気象関係の本にもけっこう詳しく書かれているんだな。でも桜の開花予想は気象庁が発表しているのだからあたり前といえばあたり前か。

あっそうだ。気象庁以外からも桜の開花予想を発表しているんだったっけ。そういえば、新聞にも出ていたような。あれはいつだったかな。朝日新聞の記事を調べられるデータベース〈聞蔵Ⅱビジュアル〉で調べてみよう。二〇〇九年三月七日朝刊記事に「桜開花予想合戦3者でバラバラ」という記事が見つかった。それによるとウェザーニューズは二〇〇三年から、日本気象協会では二〇〇七年から開花予想を始めたらしい。日本気象協会は「戦後の冬〜春の気温と開花日の相関関係から、独自の予測式を作って」予想しているそうだ。それに対して、ウェザーニューズは、「携帯電話利用者が撮影してメールで送ってくる「つぼみレポート」が強みらしい。予想方法は三者三様。競い合いながら精度が高まっていくのかもしれない。

展示の準備も大詰め。準備が思ったよりスムーズに進んだため、桜の開花時期に合わせて三月下旬から展示を始めることになった。桜の開花予想についてもせっかく調べたので、パネルにして展示本

と一緒に掲示することにした。展示する本もＯＰＡＣで検索した本だけじゃなくて、書架をブラウジングして探したり、他の職員のみんなに桜にまつわるお薦め本をいろいろ聞いて回ったりして選んだ。それから展示コーナーを彩る装飾をアカネさんにも手伝ってもらい、見事に完成。みんなのおかげで春らしく華やかな展示になりそうだ。

「さっき紫野公園の桜を見てきたけど、かなりつぼみが膨らんできていたぞ。こりゃあと二、三日で開花だな。開花宣言ももう間近だよ」

川波係長が休憩から戻ってきたみたい。川波係長は勝手に標本木を決め、気象庁職員よろしく毎年勝手に開花宣言を行っている。そしてどの木を標本木にしているのかは教えてくれないのだ。

「さて花見はいつにしようか、本宮さん」

「えっ、私が幹事ですか⁉」

【主な使用資料】

1『桜の雑学事典』井筒清次著 日本実業出版社 ２００７年
2『桜ブック 本当に桜のすべてが分かる』草土出版 ２０００年
3『桜信仰と日本人』田中秀明監修 青春出版社 ２００３年
4『どうしてわかるの？ サクラが咲く日 調べるっておもしろい！』七尾純著 アリス館 ２００２年
5『気象・天気図の読み方・楽しみ方』木村龍治監修 成美堂出版 ２００４年
6『気象観測マニア！』松嵜剛ほか著 講談社 ２００５年

7『みんなが知りたい！「天気」のことがわかる本』気象キャスターネットワーク監修　メイツ出版　2005年

「人の力」

展示の準備を通した調べものです。図書館員は質問者から受けた問い合わせだけでなく、日々の業務の中でも様々な情報に接し、その蓄積もあってだんだんと調べものに強くなっていきます。本宮さんのような人が育っているからこそ、時代に合わせて図書館は機能し続けていくのでしょう。今回の調査で本宮さんは、桜をキーワードに蔵書検索したり、気象の書架を見たりして、すこし意外な本を含め、たくさんの桜の開花予測に関する記載を見つけることができました。集めた本で桜満開ですね。

最後になりますが、丹念に情報を探せる川波さん、バランスよく調べられる石尾さん、できることは手を抜かない富士さん、資料の活用を考える秋本さん、幅広く資料にあたれる伊予さん、踏み込んで調べていける横道さん、柔軟に対応できる木崎さん、真摯に取り組める本宮さん。1年間お疲れさまでした。お互いの個性を生かしあって、これからも頑張ってください。

［ある日のあかね市立図書館④］お花見

さあ、1年間の締めくくりです。温暖な気候で桜の名所が多いあかね市では、この時期の宴会は何といってもお花見でしょう。例によって宴会に命を燃やす川波係長は、幹事である本宮さんに宴会のお誘いチラシを作ってもらったり、横道さんに場所取りやお酒の買い出しを指示したり、普段の仕事以上に張り切って、すっかり宴会の準備は整いました。

　おや、仕事を終えたあかね市立図書館の面々が到着したようです。

本宮「係長〜、ありがとうございました」
川波「おお、待ちくたびれて、横道さんと飲んでいるうちにすっかりできあがっちまったい」
石尾「桜は3分咲きというところかしら」
伊予「お花見にはまだ時期が早かったんじゃないですか」
川波「何を軟弱なことをいっておるのだ。今日はまず桜の咲き状況を検分し、来週は満開の華やかさを楽しみ、その後、散りゆく花を見届けつつ、儚《はかな》げな余韻を楽しむのがツウの花見というもんだ」
秋本「えっ！　ということは、あと2回、花見を開催するんですか？」
木崎「さすがに宴会総隊長の企画ですね」
富士「……（絶句）」
石尾「それはそれとして、さあ、差し入れですよ。さっき買ってきた、あかねや紅茶店の焼き立てのスコーンです」
本宮「やった〜。わー、まだほんのり温かいですね」
川波「うーん、ビールにも意外に合うな。じゃあ今日は余興にレファレンスの反省会でもするか」
木崎「うわっ、出たよ、レファレンスの鬼」
川波「黙らっしゃい。さあ、始めるぞ。じゃあ、伊予さんから」
伊予「仕方がないなあ。えー、自分が印象に残っているのは算木についての調査ですね。それが算木を使った易占いの企画展になったし、レファレンスをきっかけに図書館企画が広がっていくのはとてもいいと思っています。それから、この間、奈良の大和郡山のあたりをぶらぶらしていて、何気なく地元の図書館に立ち寄ったら、福井謙一コーナーがあってびっくりしました。福井先生の父方の生家が大和郡山で代々庄屋をしていたとか。奈良にゆかりがあることは知っていましたが因縁めいたものを感じました」

木崎「ふーん、大和郡山か。奈良への逃避行も役立つことがあるんだね」

本宮「私は宮本武蔵の逸話ですね。質問された方は宮本武蔵の逸話だとすっかり勘違いされていて、それがわかっていれば簡単に見つかったというのがとても悔しかったです。遠回りでも先入観を持たないで進めたほうがよかったかなと反省しています」

横道「大和（郡山）と（宮本）武蔵か。偶然とはいえ戦艦の名前が2つも……」

木崎「なんか横道さん怪しい感じだよ。でも、ヤマトといえば、私の中では宇宙戦艦ヤマトのほうかな」

石尾「宇宙戦艦ヤマトの最初の放送のとき、裏番組はアルプスの少女ハイジだったんだよね。私はヤマトが見たかったのに、弟がハイジを見たがって、親まで味方につけて」

秋本「石尾さん、それイメージ違いすぎ！」

伊予「それが木崎さんのエピソードならすごく納得できるんだけどな」

川波「はい、話を元へ戻すよ。秋本さん」

秋本「私は俳誌ふきずりの所蔵調査ですね。明治時代の地方雑誌だし、国会図書館にも所蔵がなくてとても苦労しました」

川波「うん、でも文学館を紹介したのはよかったな。公共図書館の蔵書ではカバーできない場合は速やかに専門機関を紹介するのは大事だからなあ」

横道「うー、寒っ。昼はいい天気だったのに夜はけっこう冷え込みますね」

川波「冷えてきた時は燗酒に限るな。今はワンカップにもこういう便利な暖め装置がついておるのだ……こうして缶の底を押すと……アッチッチ」

木崎「私はコンビニのホットウーロン茶で焼酎を割って飲んでいますよ。ああそうだ、レファレンスの反省でしたね。私は仏像の身長の調査が印象深いなあ。仏教に詳しい方なら常識かもしれないけど、とにかく難しい用語が多くて苦労しました。それから、市外局番の調査は、へー、そうだったんだ、という感じで、個人的にも面白かったです」
川波「あの時は、年寄りの話は長いとか、コソコソと聞こえよがしにひどいことをいっていたような気がするなあ。まあ反省はこれくらいにして、皆の者、あとは飲酒に専念するぞ！」
富士「やっぱり花見には梅酒がいいですねぇー」
佐竹「赤い梅酒をお湯で割ると美味しいです」
川波「梅酒なんて軟弱な飲み物は認めたくないなあ！」
富士「甘いけど、アルコール度数は案外高いですよ」
秋本「そういえば児童室の桜のレイアウト、とても素敵だったわ。本宮さんとアカネさんが作ったんでしょ」
佐竹「はい。新聞の折り込みチラシの裏紙を利用して作ったんです」
川波「やっぱり本宮さんらしいね」
石尾「係長も何かないんですか」
川波「うーん、そうだなあ。自分が直接担当するケースは少ないが、うん、やっぱり印象深いのは脱脂粉乳についての調査かな。Ｆさんには喜んでいただけたし、筋金入りの横道さんのマニアぶりが再確認できたからな。今日は、また別の角度から、横道さんのマニアぶりを検証するとしようか」
横道「マニアというわけではないので自分的には不本意なんですけど。でも、マニア道というか、こういう凝り性になったのは、子どもの頃の怪獣消しゴムの収集がきっかけなんです」
川波「あー、駄菓子屋とかで売っていたなあ、そういうものが。よく消しゴムの怪獣同士で相撲を取らせたような気がするなあ」
横道「個人的にはゼットンが好きだったんですけど、相撲には尻尾がついている怪獣のほうが強かったんですよ。ゴジラ映画にも出てきたバラゴンとか……」

一部の中高年がしょうもない話で盛り上がっている頃、石尾さんと秋本さんと佐竹さんは図書館の裏に新しくできたお蕎麦屋さんについて語り合っている。本格的な十割蕎麦を食べさせるお店のようで、さっそく皆で繰り出す計画を立てている。
富士さんは木崎さんにシミュレーションゲームの攻略法を教えてもらっている。韓流ドラマをゲーム化した新作らしい。

　向こうでは伊予さんがウクレレを取り出して弾き出した。控えめなウクレレの音色が、咲き始めの桜によく似合って風情がある。


　そういうあかね図書館のメンバーを見回しながら、本宮さんはひとり呟いた。

「まだまだ未熟な私だけど、先輩に教えられながらも何とか1年間が終わっていくなあ……私も少しは成長できたのかしら……。

　いつも図書館にきてくださるお客様……本当にありがとうございます。あかね市立図書館は職員だけでなくて本当に多くの方々に支えられているのを感じます。みなさんにとってあかね市立図書館はどういう存在なのかしら……。少しはお役に立てる図書館であればよいのだけれど。どうか、これからも、あかね市立図書館をずっと好きでいてくださいね」

　月は傾き、海風が少し強くなってきたようだ。

　ウクレレの音が、静かに、風に乗って流れ、あかね市の夜はゆっくりとふけてゆく……。

「桜の咲く朝に　三十二の小さな情景」

あかね市立図書館の面々が花見の宴を楽しみ、そして夜が明けました。
よく晴れた朝、あかね市で見られた三十二の小さな情景です。

2年前の夏にあかね市立図書館でアルバイトしていた上田彩乃さんは、早朝、川辺の道を散歩している。昨夜のお花見宴会、遅れて参加したけど、みんな相変わらずお酒飲んで楽しそうだったな。本宮さんは桜の開花予想について熱心に語っていたけど、いったいどんな展示になっているのかしら。

上田さんは空を見上げるのが好きだ。穏やかな風の吹く晴れた日。ちょうどこの上空を桜前線が通過中かもしれない。

「おっ、桜前線って歌詞にいいかも」と、土手に腰かけて浮かんだフレーズを口ずさむ。気持ちいい歌が作れそうな予感。

今日のスケジュールは変更しよう。しばらくあかねや紅茶店で時間をつぶしてから、図書館に寄って桜の展示を見ておくことにした。

あかねや紅茶店は、朝から営業中。

モーニングセットを食べながら新聞に目を通す植村さん。

「また外国で大きな地震があったみたいだね。この喫茶店、昔からの煉瓦積みでしょ。地震があったら心配だね」

「大丈夫。ちゃんと耐震の検査をパスしています。しっかりした鉄骨が組まれているんだって。業者の人の説明によると、明治時代の建築家が地震でも崩れないように工夫した構法らしいわよ」とオーナーの麻子さん。

植村さんは壁をさすってみた。ひんやりとした煉瓦は頼もしい感じだ。

隣の席でメニューを見ていた井田さんも麻子さんに声をかけた。

「この春限定の〝Commenden by Her Majesty〟って、どんな紅茶？」

「イギリスの詩からとった名前で、王妃にささげるって意味。初めて紅茶を飲んだイギリスの上流階級の人たちの驚きをイメージしてブレンドしたの。テーブルの上の「紅茶通信」の今月号に、詳しく説明してあるから読んでみてね。井田さんも俳句の会のメンバーだし、きっと興味がある内容だと思いますよ」

……ふーん、イギリスで初めて詠《よ》まれた紅茶の詩の題名なのか。十七世紀のイギリスに思いをはせて紅茶を一口。

井田さんとともに俳句の会を主宰している兵藤さん。先月、明治時代に刊行された秋田の俳句雑誌

「落ずり」の現物を手にすることができた。まだまだ地方の俳句活動については知らないことも多いんだと実感。あらためて俳句研究への情熱に火がついた。

さて、今日はわれわれの俳句の会で作った同人誌を市立図書館に寄贈しにいくとするか。郷土資料として役に立つ日がくるかもしれない。何十年後に見ず知らずの誰かが読んでいる姿を思い浮かべながら、同人誌のバックナンバーを丁寧に風呂敷に包んだ。

その同人誌の表紙のレイアウトを担当しているのは愛書家の宇津木さん。本の奥付に出ていた古代文字風の漢字の解読がきっかけで、副業として文字のデザインを始めた。古代文字っぽくアレンジした字体は、エキゾチックで味わいがあるとタウン誌にも取りあげてもらった。仕事としての依頼も増え、ちょっとした小遣い稼ぎになっている。

今回の依頼は地元のトラベルあかね社から「そうだ、インドへいこう!」というロゴの作成。

「……印行、をアレンジするか」

個性的な企画で評判のトラベルあかね社で、ツアーコンダクターをしている水谷さん。

「春の古寺巡礼ツアーにご参加のみなさま、それでは出発いたします。よろしくお願いします」と、朝早く集合場所のあかねバスターミナルで元気に挨拶した。

前回、新年の古寺巡礼ツアーの時は、やけに仏像に関心のあるお客様がいて「丈六ってどのくらいの身長で、その根拠は」とか質問攻めにあい、たじたじになってしまったけれど、今回はたくさん予習してきたから大丈夫だぞ。

「途中、ご質問があったらなんでも遠慮なく声をかけてください」と自信満々。


春の古寺巡礼ツアーに参加した高橋さん。このツアーの行程に、鎌倉時代に建築されたお寺がいくつか入っているので申し込んだ。

大学での教育実習のネタとして、鎌倉時代の人たちの平均身長を取りあげ、男性159センチ、女性144センチくらいだとわかった。当時の建造物は、そのくらいの身長の人が本当に使いやすい構造なのか、自分で実際に確かめてみたくなったのだ。

あのツアーコンダクターさん、いろんなことに詳しそうだし、鎌倉時代の人の身長について何か知っているかも。あとで聞いてみようっと。


バスで高橋さんの隣に座ったのは歴史好きの瀬谷さん。

高橋さんがツアーに参加した目的を聞いて「それなら鎌倉時代の男性は烏帽子《えぼし》をかぶっていたことも考慮しないとね。その分は頭が出っ張っていたはずよ」といったら、とても感心された。烏帽子についで説明しながら話しがはずむ。

「烏帽子にも種類があるの。あ、私がなぜ烏帽子について詳しいかっていうと、狂言をもとにした子ども劇で小道具の烏帽子を作ることになった時、ついでに調べてみたの。なぜだか、あかね市でやる演劇の準備では、本格的な考証が始まってしまうのよね。それはそれで楽しいんだけど」

「そうそう」とバスの後ろの座席から会話に加わる那須さん。

「うちの甥っ子の耕太も去年の秋、月見草をテーマにした小学校の児童集会で、月見草がどういう植物なのかを織り交ぜながら、いくつかの絵本を読んでもらったんだって。具体的に植物のイメージがわいて、とても面白かったそうよ。それ以来、耕太は植物に興味をもってね、雑草なんかの写生をしては、図鑑で調べて楽しんでいるの。そういえば昨日、児童会の催しのための準備に使うとかいって、うちにあった古いうちわを持っていったな」

「ふーん、やっぱり本格的になってしまうのね。……不思議」と、バスの中、3人で首をかしげる。

耕太のお父さんは急な雨音に外を見たが、よく晴れている。おかしいなと子ども部屋をのぞくと、耕太がうちわを振っている。音の原因は、このうちわらしい。

「学童保育で、わらべうたの加藤さんに雨うちわの作り方を習ったんだ」

自分でも手に取って雨うちわを振ってみた。いくつかの豆に糸を通してうちわの両面に張り付けただけのものだけど、本当に雨音のように聞こえるから面白い。

月見草をテーマにした児童集会のあと、どうせなら雨や風の音も加えればいいのにとか、耕太がアイデアを出していたっけ。

「四月の児童会の演劇では、僕が音を担当する係になったんだよ」


「昔の時代劇でも、いろいろと音を出すのに工夫していたんだぞ」と、耕太の祖父も顔を出す。

「おじいちゃんは、宮本武蔵が好きだもんね。戸の上に角材をはさんでおいたら避けて通らなかったって話し、覚えているよ」

「あ、それは……宮本武蔵ではなくて、塚原卜伝の話だった」

「塚原卜伝って誰」

塚原卜伝について耕太に説明をしながら、よく考えたら、この話は短気をいましめ熟慮せよという教訓でもあるなと考える。いつか図書館で調べ終わるのを待たずに帰ってしまったが、先日、図書館にいったら、前に調べものを対応してくれた若いスタッフが、塚原卜伝で似た話しがあったと親切に教えてくれて勘違いに気がついたのだ。すまなかったな。


子ども部屋から聞こえる親子三代の話し声を耳にしながら、耕太の母はゴミを捨てに外に出た。

玄関には「十二月十二日」と書かれたお札が逆さまに貼ってある。

短気で気難しい義父がやっている風習をあまり好きになれなかったが「このお札、なんですか?」とか「京都で同じお札を見ましたよ」などと、近所の人から声をかけられた時、自分で石川五右衛門にまつわる由来を説明できるようになった。

案外、そうやって近所の人と仲良くしておくことが泥棒除けの秘訣かもしれない、とも思えるようになった。

あら、隣の藤井さんのお宅からは美味しそうなホットミルクの香りがしている。カフェオレかしら、ちょっと藤井さんとイメージがあわないけどな。


『なつかしの給食 献立表』を参考に脱脂粉乳を再現してみた藤井家の老夫婦。

「はて、こんな味だったような気もするけど」

「もっと強烈にまずかったように記憶していました」

「いずれにしても、脱脂粉乳のおかげで、今の自分の身体があるわけだ」

「半世紀以上経ったけど、いろいろ尽力してくれた人がいたことがわかって、心からありがたく思えました」

「少なくとも朝から飲みたいものではないが……」

だんだん当時の味覚が舌によみがえってきて、複雑な表情になる。


両親から「お前も飲むか」と脱脂粉乳なるものをわたされた藤井さんの息子。

「わ、なんだ。げほっ」。とても二日酔いで飲みたくなる味ではなかった。

同じ乳製品でも昨晩とは大違いだね……。

駅前の居酒屋で頼んだ「古代日本ほろよいコース」の「蘇」というチーズのような食べものは日本酒によく合う味だった。日本酒の次にはワインも飲んだ。うんちくを垂れながらワインを出してくれた若いバイトは浩くんっていったかな、なかなか気が利くし、ワインを選ぶ目をもっている。今度は職場の同僚でも誘っていくことにするか。

大学の休暇中、浩くんは明け方まで駅前の居酒屋でバイトをしている。浩くんはワインに詳しい店員さんだと常連さんから評判になっていた。浩くんのアドバイスで店のワインも品数を増やした。ワイン好きの彼女、千夏さんの影響もあって、気に入ったワインの歴史を調べているうち、ワインの魅力にどっぷりとはまってしまったのだ。

お客さんから頼られるって悪くないね。ワインと関係ある仕事に就けるといいな、と考えながら眠い目をこすって家路についた。

わが家の新築祝いにいただいた現代画家の絵のお返しに悩んでいたが、ワイン好きな方からだったので、ワインに詳しい娘の千夏に相談したら、ボルドーに5つしかない一級のシャトーの「シャトー・ムートン・ロートシルト」がいいと勧められた。ワインのラベル（エチケット）を毎年、違った有名な画家に描かせているのだそうだ。千夏のツテで入手もできた。たいへん高額な品であったが、絵の値段に比べたら低い金額だし、なにより相手の方がとても喜んでくださったのでよかったな。

それにしても千夏は今朝、友達のひとみちゃんと沖縄にいくって元気に出かけていったけど……、少し中間搾取されたかもしれないわね。

「おまたせ、ひとみちゃん」と、待ち合わせをしたあかね駅に着いた千夏さん。

「悪いね、アジアの蒸留酒のルーツを探る旅に付き合わせてしまって」

「いいの、ちょっとした臨時収入もあったし」

「彼氏の浩くんは、ほっといてもいいの」

「うん、元気にバイトしているから大丈夫だよ。それに最近、彼はワインにはまっているけど、今の私は泡盛を極めたい気分だから。2人とも酒好きってことには変わりがないんだけど」

「そっか、お土産は忘れちゃダメだよ」

「はいはい。じゃあ沖縄・泡盛ツアーに出発だ。波照間島で「泡波」も飲めるといいな」


駅のホームで隣合わせた女性2人は、おしゃべりの内容からして、これから波照間島に向かうらしい。波照間島にもサトウキビ畑の真ん中に大きな風力発電機があるんだよな。

通勤中の電車の窓から標野岬の風力発電機を眺めるのを、長山さんは楽しみにしている。

大きな羽根がゆっくり回り、電気を生み出していると思うと、自然の力に感謝したくなる。いったい日本ではどのくらい風力発電をしているのかを知りたくなり、問い合わせてみたこともあった。着実に増えていることがわかったし、その1つが地元にあることを誇らしく思えた。

会社で風力発電のビジネスに力を入れるよう進言をし、今日の会議ではプレゼンテーションをすることになっている。論拠となる統計資料も抜かりなくそろえたし、頑張るぞ。


同じ車両で、森野さんは本を読みながら通勤している。

前にいる女性2人は朝から酒の話で盛りあがっているけど大丈夫か。いいなあ、旅行。自分もいつかアジア各国の教育現場を訪ねてみたいな。

夜間大学の課題で、韓国のオルタナティブ教育についてのレポートを提出したが、教授からは「多くの文献を使っているが、教育の精神にまでは理解を深められていない。今後も努力を」とコメントされた。自信があっただけにやや残念な評価。韓国までオルタナティブ教育の現場を見学にいってみようかと考えたが、苦学生の身では難しい。日本にも似たような教育を行っているところがないかを探して、いくつかの施設で関係者に話を聞いたりした。何年かかるかわからないが、あかね市で自分なりのオルタナティブ教育を実践してみたいという夢が生まれた。何人かの若い仲間で教育研究のサークルも立ち上げたばかりだ。

そのサークルのメンバーでもある大学生の中本さんは、卒論の取材を兼ねて大阪にある教育施設を見学したいと思い、日程の確認の電話を朝一番でかけることになっていた。

大阪の市外局番は「06」だよね、電話番号は北から南に並んでいる。以前、調べて知ったのだ。

「もしもし、大阪……ですか」

「こちら北海道石狩の……です」

「失礼しました。間違えました」

あらあら、住所録の電話番号と郵便番号の一部を間違えてかけてしまったらしい。以前、電話番号の市外局番を調べた時もレイアウトのわかりにくい本があったけど、これじゃ他のことはいえない、よく見なきゃだめね。それにしても、なんで郵便番号は北から南に並んでいないのかな。今度、調べてみるとするか。

中本さんと大学で仲のよい山下さん。希望していた企業の二次面接を受けたけど、手応えが悪かった。大学のゼミで大卒初任給の変遷を調べているって話まではともかく、調子に乗って「御社の初任給は、資料によりますと……」と分析してしまったのは余計だったな。

山下さんがパソコンを立ち上げて、昨晩さぼっていたメールをチェックすると、その企業の人事部からメールが届いていた。

「やった、社長面接の通知がきてる。なになに、追伸・初任給が低くてすみません、だって」


人事担当の嶋村部長は、新規採用の面接をした学生を思い返していた。なんだかユニークな人材が多かったね。初任給について語っていた学生もさることながら、うちの会社の社是と同業他社との社是を比較して成功するためのキーワードを論じていった学生もいたよ。

一昔前はマニュアルそのままの面接ばっかりでつまらなかったけど、最近は自分の意見を組み立てられる学生も増えつつあるのかね。ま、悪いことではないな。

どちらも採用するつもりである。


昨日、就職活動が順調だと立花さんの息子は上機嫌だった。社是が話題になったので「お口の恋人、ロッテ」と息子にいったら「それは社是ではないよ。親父はロッテ・オリオンズのファンだったからな」と笑われた。

若い頃に通った東京スタジアムのエピソード調べたら、選手や球団だけでなく、近くにあった食堂を始め、多くの地域の人たちがかかわっていたことに、改めて気づかされた。東京球場に比べればあまりに小規模だが、近所の市営球場からも様々な人間模様が見えるかもしれないのでリサーチしてみようと考えた立花さん。定年後のライフワークの1つになればいいと思っている。

市民の歌う会では、来週の日曜日、市営球場で開催される少年野球大会の決勝戦で「私を野球場へ連れてって」(Take Me Out To the Ballgame) を合唱することになった。アメリカの野球場では、7回表の終了時に観客が歌うらしい。

「やっぱり7回表の後に歌うか」「どういう習慣か確かめなくては」「知っておかないと、いい歌が歌えない」と、いつものように大混乱。

なぜか今回も調整役になった市民ホールの山田さん。今晩の催しの準備で忙しいのだが、図書館に寄ってから出勤することにした。

……それにしても、皆さん、歌の背景がわかると本当に気持ちを込めて歌えるようになるからすごいのよね。

今晩の市民ホールの催しは落語会だ。演目には「一眼国《いちがんこく》」も入っていた。

菜々ちゃんは、噺家《はなしか》さんから本物の「ひとつめのくに」のお話が聴けるのを楽しみにしている。

「菜々にはまだ難しいと思うよ」と朝食をとりながら何度も念を押す、おじいちゃん。

「おじいちゃんと一緒に観た落語のテレビは、とっても楽しかったよ」

どこまで内容を理解できているかは知らないけれど、菜々は扇子を使って噺家さんの仕草を真似して喜んでいたっけ。もしかしたら芸人に向いているのかもしれないぞ。

「菜々は将来、何になりたいんだい」と少し期待して聞いてみた。

「ハイネモア号の船長。一つ目の国も探したいな……。おじいちゃんはハイネモア号って知らないの、土井のお兄ちゃんから聞いた世界一不幸な船だよ」

「ふうん、そうか」といいながら、おじいちゃんは今晩の落語会で菜々の気が変わることを願った。


土井さんの息子は、変な物を収集するようになった。それは、どうも私が図書館から借りてきたリプレーの本を読んだのがきっかけのようだ。まったく影響されやすいんだから。息子の部屋が、がらくたで埋まるのは阻止しなければならない。そんな暇があったら英語でも勉強しなさい、と小言をいおうとしたが、なぜか英語の成績があがっている。

「やっぱり外国語が読めないと、理解できないことって多いからね」と息子。

「どうして、そう思ったの」

「骨董ほねほね堂のおじさんと話していて、世界の文物を知るのには外国語が必要だってわかったんだ」

……骨董ほねほね堂か、複雑な気分だわ。

シャッターが降りている骨董ほねほね堂の前で、イヌの散歩中の野中さんがショーウィンドウをのぞき込んでいる。

前は、がらくたっぽい品が乱雑に積みあげられている店だったけど、いつのまにか品物に解説がつくようになったんだ。店主のセンスがよくなったのかな。へえ、この棒は、昔から計算に用いられてきた算木っていうのか。「びっくり算木の使い方」って手作りの解説書も売っているらしい。四月から高校生になる隆広も数学に興味があるようだし、今度、寄って見せてもらおうか。「今なら易占いサービス中」っていうのはどうでもいいけど。

早起きして、数学の問題集を解いている隆広くん。塾の先生から幾何の問題にたくさん取り組むのがいいと教わったのだ。

「ここに補助線を引いてみようかな。よしっ」

なにやらひらめいたようだ。

隆広くんは最近、枕元にメモ帳と鉛筆を置くようにした。夜中でも思いついたら何でもメモしておく、ノーベル賞を受賞した学者さんがしていた習慣だそうだ。これも塾の先生のアドバイス。

京都大学に入って研究することを夢見つつ、さらにもう1問。


隆広くんと同じ高校に進学する小森くんの家。

「あんたが食べたがっていた長岡京の初堀りの竹の子。今日、宅配便で届くから若竹煮にしておくね。早く帰ってきなよ」と母親にいわれた。高校入学のお祝いに、どうしても長岡京の竹の子が食べたいとねだって、ようやく竹の子が採れる季節になったのだ。

中学の修学旅行で京都にいった時、桓武天皇の呪いを調べていたけれど、自分の興味とはやや違う気がした。桓武天皇が遷都した長岡京の周辺は、竹の子が名産と本に書いてあったのをきっかけに京都の竹の子を調べ始めたら面白かった。「どんな味なのかな」と今晩の食卓を楽しみに、にんまり。


ポンっと音がして、厚めのトーストが飛び出した。

朝食はごはんが基本だけど、たまにはパンも悪くない。

卒業していった高校の3年生たちから記念品としてもらったのは、寄せ書き入りの飛び出すトースターだった。山口先生も、生徒が調べた経緯をとおして飛び出すトースターについて多くのことを知った。だから、なおのこと美味しく思えるな、とバターを塗りながら山口先生は思う。

新学期からは1年生の担任になることが決まっている。どんな新入生が入学してくるのか、また、調べものに親しめる生徒を育てたいな。それなりに自信もついてきた。

山口先生の学級で高校を卒業した円さんは、玄関でスニーカーの紐を結んで大きなリュックをかついだ。

「では、お母さん。いってきます」

「まったくこの子は理系か文系か迷った結果、どうしたら大学に進まず楽器職人になりたいって結論になるんだろう」

「私、手先は器用だし。文系や理系の要素を合わせて楽器作りをしていきたいんだ」

「とにかく気をつけてね。工房の寮に着いたら電話するんだよ」

「うん……」

桜が風に舞う中、見送るお母さんに2階からポロンと音が聞こえた。

……なんていったかね、円が作った、あの風で鳴る楽器。

図書館の床を清掃業者の五十嵐さんがきれいに磨いている。

書架の間で、風でひらひらと舞った紙切れを拾った。

「何かしら、この紙切れ。メモ用紙かな」

捨てようとしたが、よく見ると紙の裏に鉛筆で『科学と人間を語る』と書いてある。必要なものだと困るので、図書館のカウンターの上に置いて作業を続ける。

しばらくして軽やかに事務室の扉が開いた。

「あ、五十嵐さん。おはようございます」

「おはよう。本宮さん、いつも早いね。よくわからない紙が落ちていたからカウンターの上に置いといたよ」

「はいっ、あとで見ておきます」


さあ、開館前の書架整理からスタートだ。今日もどんな問い合わせがあるのか楽しみだな！

CAST

【配役／執筆】

本宮美里：清水瞳

伊予高史：高田高史

木崎ふゆみ：鈴木裕美子

秋本尚美：吉田千登世

富士のぶえ：辻伸枝

横道独歩：横田博夫

石尾里子：佐藤敦子

川波太郎：岡野正志

佐竹アカネ：佐藤茜

【制作／執筆】

［イラスト］佐藤茜

［ごあいさつ］高田高史＋清水瞳

［スタッフ紹介］岡野正志

［地図原案］佐藤敦子

［四季の章題］横田博夫

［間章の座談会］岡野正志

［調査のツボ］高田高史

［桜の咲く朝に］高田高史

【感謝】

かながわレファレンス探検隊の皆様

柏書房株式会社の皆様

執筆・制作・流通に携わってくれた皆様

置いてくれた書店の皆様

全国の図書館の皆様

全国の図書館を利用している皆様

読んでくださった皆様

END

あかね市立図書館
周辺マップ
そば
あかね市立図書館
紫野公園《むらさきの》
和菓子
あかね市立図書館
なぎさ小学校
市民ホール
なぎさ中学校

標野《しめの》岬
紫野《むらさきの》大学
あかね高校
骨董ほねほね堂
FLOWER
Restaurant
まんぷく亭
MANPUKU
スーパー唐戸
台湾料理
Book
あかねや紅茶店
おこのみ焼き
あかね
酒
がんも亭

600　**産業**
610　農業
620　園芸
630　蚕糸業
640　畜産業．獣医学
650　林業
660　水産業
670　商業
680　運輸．交通
690　通信事業

700　**芸術．美術**
710　彫刻
720　絵画．書道
730　版画
740　写真．印刷
750　工芸
760　音楽．舞踊
770　演劇．映画
780　**スポーツ．体育**
790　**諸芸．娯楽**

800　**言語**
810　日本語
820　中国語．その他の東洋の諸言語
830　英語
840　ドイツ語
850　フランス語
860　スペイン語
870　イタリア語
880　ロシア語
890　その他の諸言語

900　**文学**
910　日本文学
920　中国文学．その他の東洋文学
930　英米文学
940　ドイツ文学
950　フランス文学
960　スペイン文学
970　イタリア文学
980　ロシア・ソヴィエト文学
990　その他の諸文学

日本十進分類表(NDC) 新訂9版 第2次区分表(綱目表)

000	**総記**
010	図書館．図書館学
020	図書．書誌学
030	百科事典
040	一般論文集．一般講演集
050	逐次刊行物
060	団体
070	ジャーナリズム．新聞
080	叢書．全集．選集
090	貴重書．郷土資料．その他の特別コレクション
100	**哲学**
110	哲学各論
120	東洋思想
130	西洋哲学
140	心理学
150	倫理学．道徳
160	**宗教**
170	神道
180	仏教
190	キリスト教
200	**歴史**
210	日本史
220	アジア史．東洋史
230	ヨーロッパ史．西洋史
240	アフリカ史
250	北アメリカ史
260	南アメリカ史
270	オセアニア史．両極地方史
280	伝記
290	**地理．地誌．紀行**
300	**社会科学**
310	政治
320	法律
330	経済
340	財政
350	統計
360	社会
370	教育
380	風俗習慣．民俗学．民族学
390	国防．軍事
400	**自然科学**
410	数学
420	物理学
430	化学
440	天文学．宇宙科学
450	地球科学．地学
460	生物科学．一般生物学
470	植物学
480	動物学
490	**医学．薬学**
500	**技術．工学**
510	建設工学．土木工学
520	建築学
530	機械工学．原子力工学
540	電気工学．電子工学
550	海洋工学．船舶工学．兵器
560	金属工学．鉱山工学
570	化学工業
580	製造工業
590	**家政学．生活科学**

あとがき

本書は、あかね市立図書館という架空の図書館を舞台とし、図書館員の調べものを通して、調査のツボをわかりやすく伝えようとした1冊です。

２００８年頃に準備して執筆しました。情報というものは刻々と変わっています。例えば、それ以降に新しい本が刊行されていたり、より適した検索手段が作られていたりすることもあるでしょう。執筆者の見落としも含め、本書で調べた回答が必ずしも最善とはいえません。

ただ、調査と回答という目に見える部分だけでなく、どんな時にも応用できる調べものの考え方やエッセンスはあります。そうしたことも、あかね市立図書館で行われた調べものの過程から読み取っていただければ嬉しいです。各事例の最後に書き添えた「調査のツボ」がヒントになると思います。

あかね市立図書館を舞台とした作品は初めてではなく、２００６年に『図書館のプロが教える〈調べるコツ〉』、２００７年に『図書館が教えてくれた発想法』を、いずれも柏書房から刊行しています。『図書館が教えてくれた〈調べるコツ〉』は、この本と同じメンバーで、本書同様にいくつかの事例をまとめたものです。一同、本を書くことが初体験だったので、今にしてみると恥ずかしいところも目につきますが、それも楽しい味になっていると思います。

『図書館が教えてくれた発想法』は高田の単著で、アルバイトの女性が図書館員から調べものを習っていくひと夏の物語。ストーリー仕立てでわかりやすい内容です。自分でも図書館員のように調べてみたいと感じた方は、ぜひご一読ください。

あかね市立図書館を舞台にした作品は、いちおう本書で終わりにするつもりです。

編者（高田）は、ひとつの調べものに至る背景と図書館から広がっていく世界、を本書に織り込みたいと考えていました。そのあたりが事例をもとに街の情景を書いた、巻末「桜の咲く朝に」になっています。

執筆したメンバーと、酒を飲みながら話をすると、しばしば「あかね市立図書館に転職したいね」なんて声も聞こえてきます。現実の図書館は、ご他聞にもれず厳しい状況もたくさんあり、あかね市立図書館のような活動はなかなかできていません。

それでも、あかね市立図書館の執筆に携わりながら、図書館を支えているのはやっぱり「人」なんだと実感できました。

最後になりますが、『図書館のプロが教える〈調べるコツ〉』をスケールアップして楽しく味わいあるイラストを描いてくださった佐藤茜さん、いくつかの事例で調査の参考にもなっている勉強会・かながわレファレンス探検隊の皆さん、さまざまな調整をしてくださった柏書房編集部の二宮恵一さんには、とくに深く感謝を申し上げます。

そして、執筆者の皆さん、あかね市立図書館の同僚になれて本当によかったです。


（高田 高史）

【おまけのツボ】『図書館のプロが教える〈調べるコツ〉』の隣に、本書『図書館のプロが伝える調査のツボ』を並べると、コツ・ツボ……、なんと骨壷ではないか。さらに二冊の間には『図書館が教えてくれた発想法』が入るわけで、主人公の彩乃ちゃんは嫌がるだろうな。（岡野＋高田、談）

執筆者

岡野 正志　川崎市立中原図書館
佐藤 敦子　鎌倉市中央図書館
清水 瞳　大学図書館勤務
鈴木 裕美子　横浜市中央図書館
高田 高史　神奈川県立川崎図書館
辻 伸枝　ずしすばなしの会
横田 博夫　東洋英和女学院大学大学院図書室
吉田 千登世　鶴見大学図書館

（2009年6月現在）

佐藤 茜　イラスト（カバー、本文）

図書館《としょかん》のプロが伝《つた》える調査《ちょうさ》のツボ

2009年7月25日　第1刷発行
2010年9月15日　第2刷発行

編著　高田高史《たかたたかし》

発行者　富澤凡子
発行所　柏書房株式会社
東京都文京区本駒込1-13-14（〒113-0021）
電話（03）3947－8251［営業］
（03）3947－8254［編集］

ブックデザイン　森 裕昌
装画　佐藤 茜
ＤＴＰ　ハッシィ
印刷　壮光舎印刷株式会社
製本　小髙製本工業株式会社

ISBN978-4-7601-3585-1